D1693235

Himmlische VERFÜHRUNGEN AUS DEM EINMACHGLAS

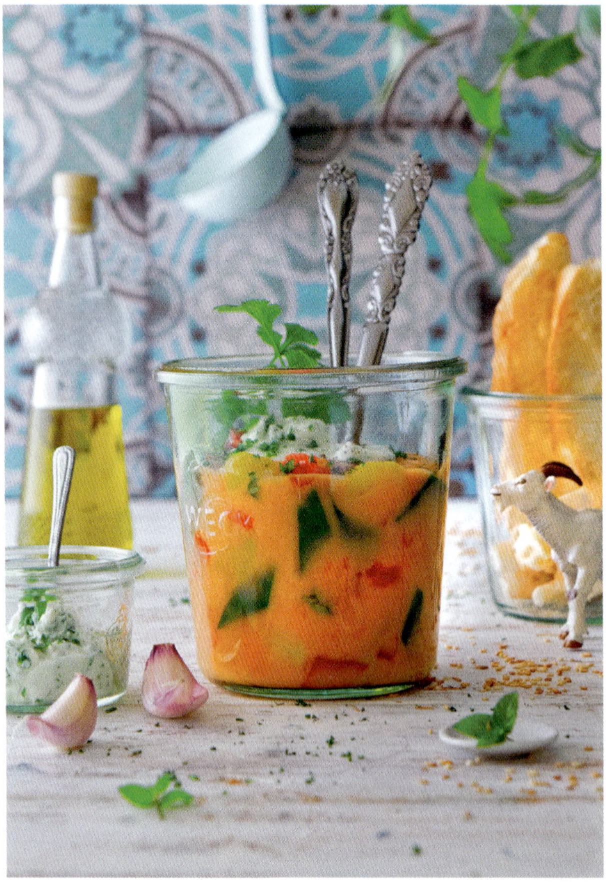

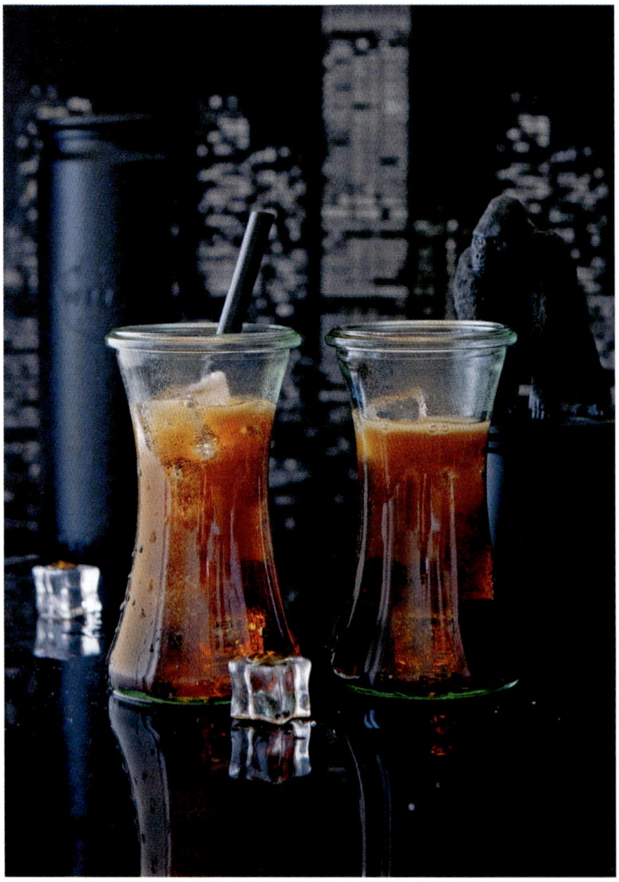

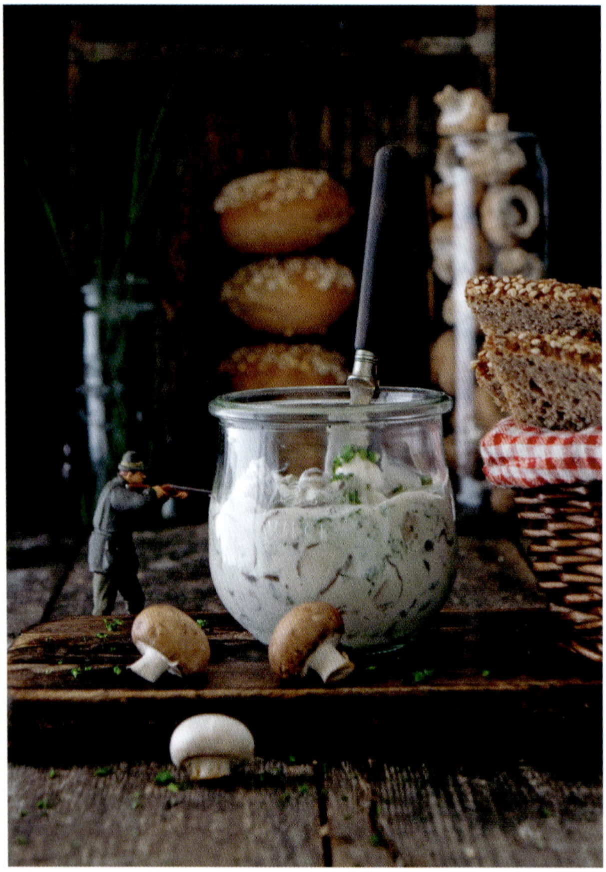

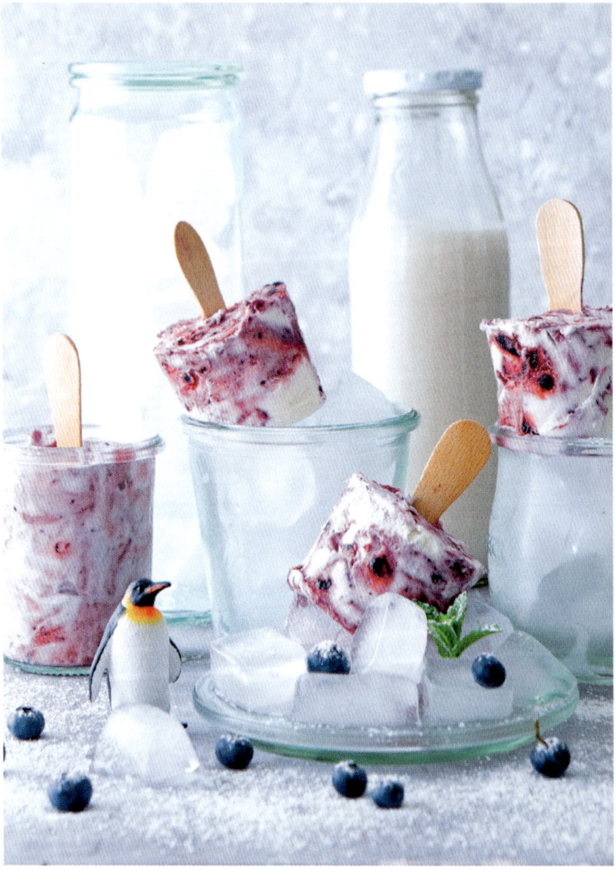

Udo Einenkel

Himmlische
VERFÜHRUNGEN AUS DEM EINMACHGLAS

55 vegane und vegetarische Rezepte für Meal Prep und to go

CHRISTIAN

INHALT

EINLEITUNG	6

DIE REZEPTE	**16**
FRÜHSTÜCK	18
GETRÄNKE	34
BROT	48
SUPPEN	66
SALATE & BRUNCH	80
HAUPTSPEISEN	94
DESSERTS	110
WEIHNACHTEN	124

ANHANG	148
Register der Rezepte	150
Bildregister	152
Dank an unseren Partner	156
Über den Autor I Dank	158
Impressum	159

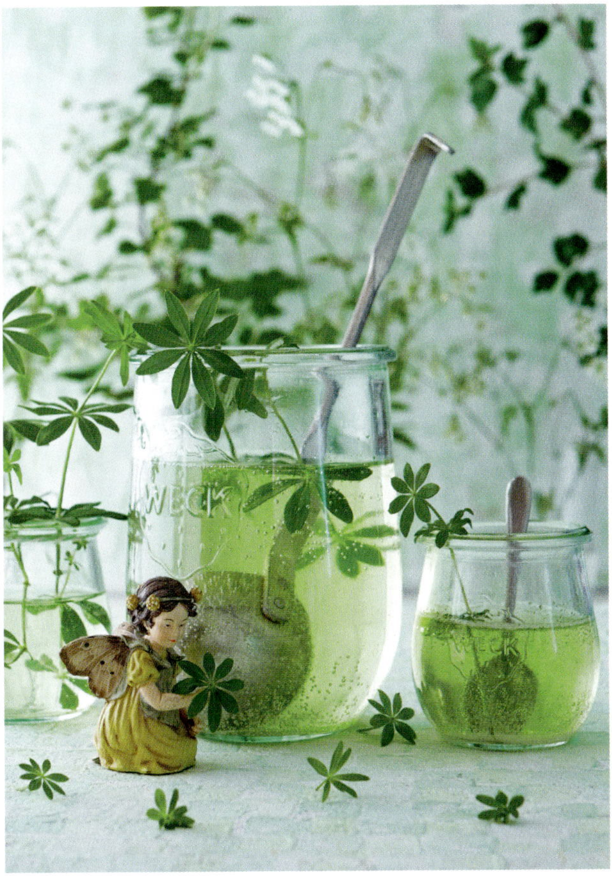
WECK

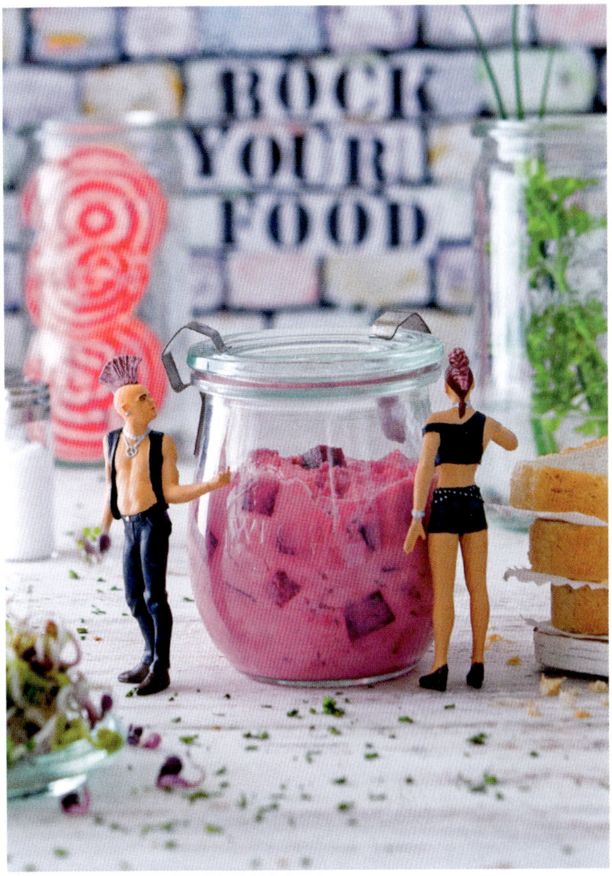
ROCK
YOUR
FOOD

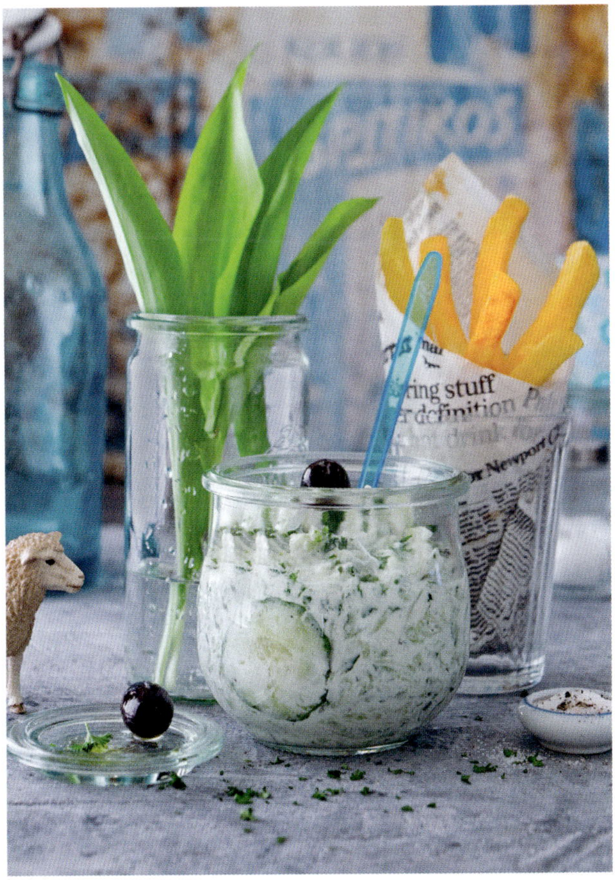

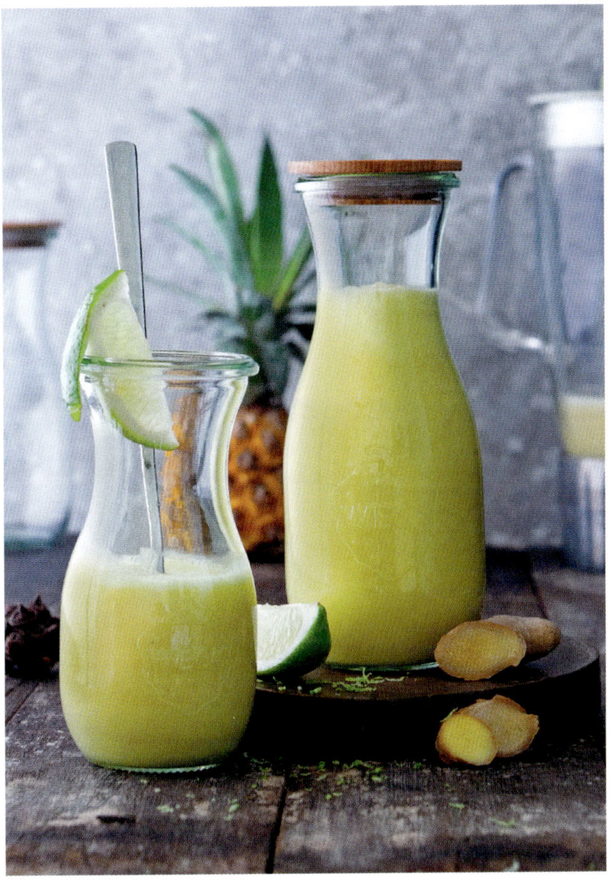

EINLEITUNG

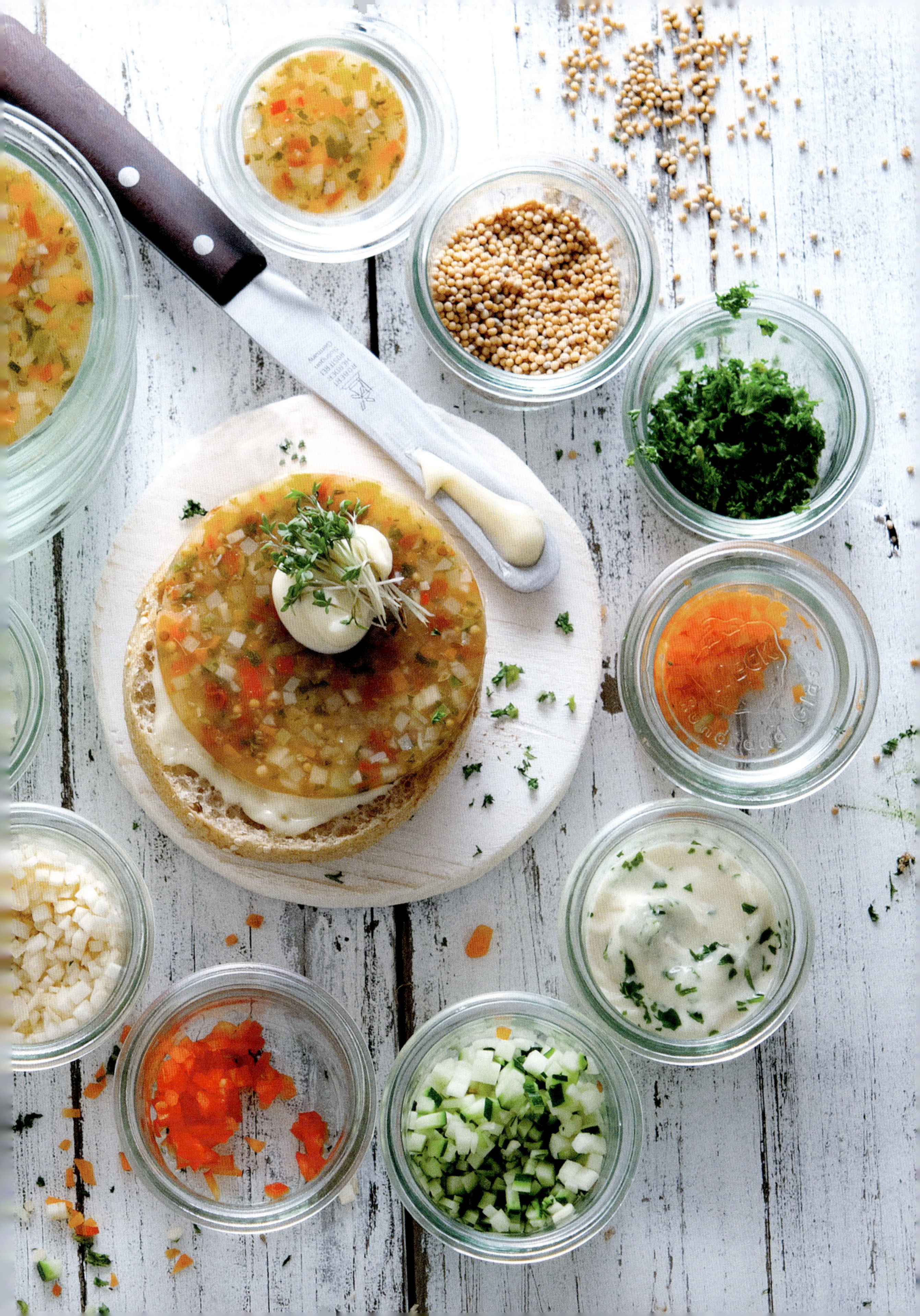

EINLEITUNG

In diesem Buch beschäftige ich mich mit dem Zubereiten von Speisen im Einmachglas. Mit dabei ist mein Lieblingsthema, das Brotbacken. Aber auch das Kochen von Hauptgerichten, die Eiscreme-Herstellung und das Backen von Kuchen. Das Einmachglas als Meal Prep, Take-away, Vorratsbehälter, Dekorationsbehälter, Essgeschirr und Getränkeglas.

Das Weck-Glas – forever young

Liebe Leser,

Weck-Gläser begleiten mein Leben seit frühester Kindheit. Sie waren immer da, ohne dass ich viel Notiz von ihnen genommen habe. Sie gehörten einfach zum täglichen Leben dazu. Meine Großeltern und auch meine Mutter verwendeten sie noch ganz klassisch als Einmachglas im Sommer für Marmelade, Obst und Gemüse. Im Winter wurde ein Schwein geschlachtet und Wurst und Brühe in den Gläsern eingemacht.

Ab den 1970er-Jahren verschwanden die Weck-Gläser dann immer mehr aus unserer Familie. Es wurde fast ausschließlich im Supermarkt eingekauft. Einmachen war nicht mehr zeitgemäß und mit zu viel Arbeit verbunden. Das Bild der Frau in Kittelschürze, die vormittags im Garten erntete und nachmittags einkochte, verblasste zunehmend. By the way: Männer kochten nie ein. Das war Frauensache. Dazu kam, dass immer weniger Familien sich einen Gemüsegarten anlegten. Man grillte jetzt lieber im Garten, sonnte sich auf der Terrasse oder installierte einen Swimmingpool. Die Food-Industrialisierung machte es möglich, ohne Vorratshaltung zu leben. Alles war immer erhältlich und Einmachen wurde nur noch von wenigen als Hobby betrieben.

Ich erinnere mich, dass wir Jugendlichen auch lieber die im Werbefernsehen beworbenen hippen Produkte essen wollten. Omas Marmelade oder eingemachtes Obst fanden wir nicht mehr aufregend. Das war altmodisch. Wir wollten was Neues. Wir wollten modern sein. Heute erinnere ich mich mit Wehmut an die vielen eingemachten Köstlichkeiten meiner Urgroßmutter. Das Wissen um das Einmachen, die vielen Tricks und Handhabungen sind verloren gegangen. Ebenso die leckeren Rezepte. Es begann die Zeit, als die Weck-Gläser im Keller verstaubten.

Doch mit dem Entstehen einer neuen Naturkostbewegung und den sich daraus entwickelnden Bioläden wurden Einmachgläser plötzlich neu entdeckt. Einmachgläser wurden zu einem Symbol für Nachhaltigkeit. Eine gute Alternative zur Verpackungs-Plastikkultur. Ein neuer kreativer Umgang mit dem Einmachglas ließ es im neuen Glanz entstehen. Jetzt wurde im Einmachglas gebacken und gekocht. Eiscremes und Desserts hergestellt. Brot und Kuchen im Glas in den Backofen geschoben. Getränke gemixt und angerichtet. Mahlzeiten für den Job und Picknick darin verpackt.

Meal Prep und Take-away im Einmachglas erfreuen sich seitdem stetig wachsender Beliebtheit. Das spart viel Verpackungsmüll, besonders der Verbrauch von Plastik wird dadurch reduziert. Einmachgläser machen unser Leben schöner. Sie sind ein optischer Genuss in der Küche und vermitteln die Aura von Wertbeständigkeit und nachhaltigem, gesundem Leben.

Ich verwende Einmachgläser in meinen Kochkursen und Seminaren für Suppen, Hauptspeisen und Desserts. Besonders gern backe ich Vollkornbrote im Einmachglas. Dabei fülle ich nur so viel Teig in das Glas, dass nach dem Backen der Deckel aufgelegt werden kann. Somit kann das Brot perfekt gelagert oder als Give-away mit einem Salzstreuer und Küchentuch zum Einzug oder Geburtstag verschenkt werden.

Passend zum gebackenen Brot im Einmachglas stelle ich gern selbst gemachte Brotaufstriche in kleinen Vorratsgläsern mit auf den Tisch. Optisch ein kleiner Hingucker, der mir und meinen Gästen ein gutes Gefühl von Naturverbundenheit und Gesundheit vermittelt. Plastikbehälter mit Firmenlogos

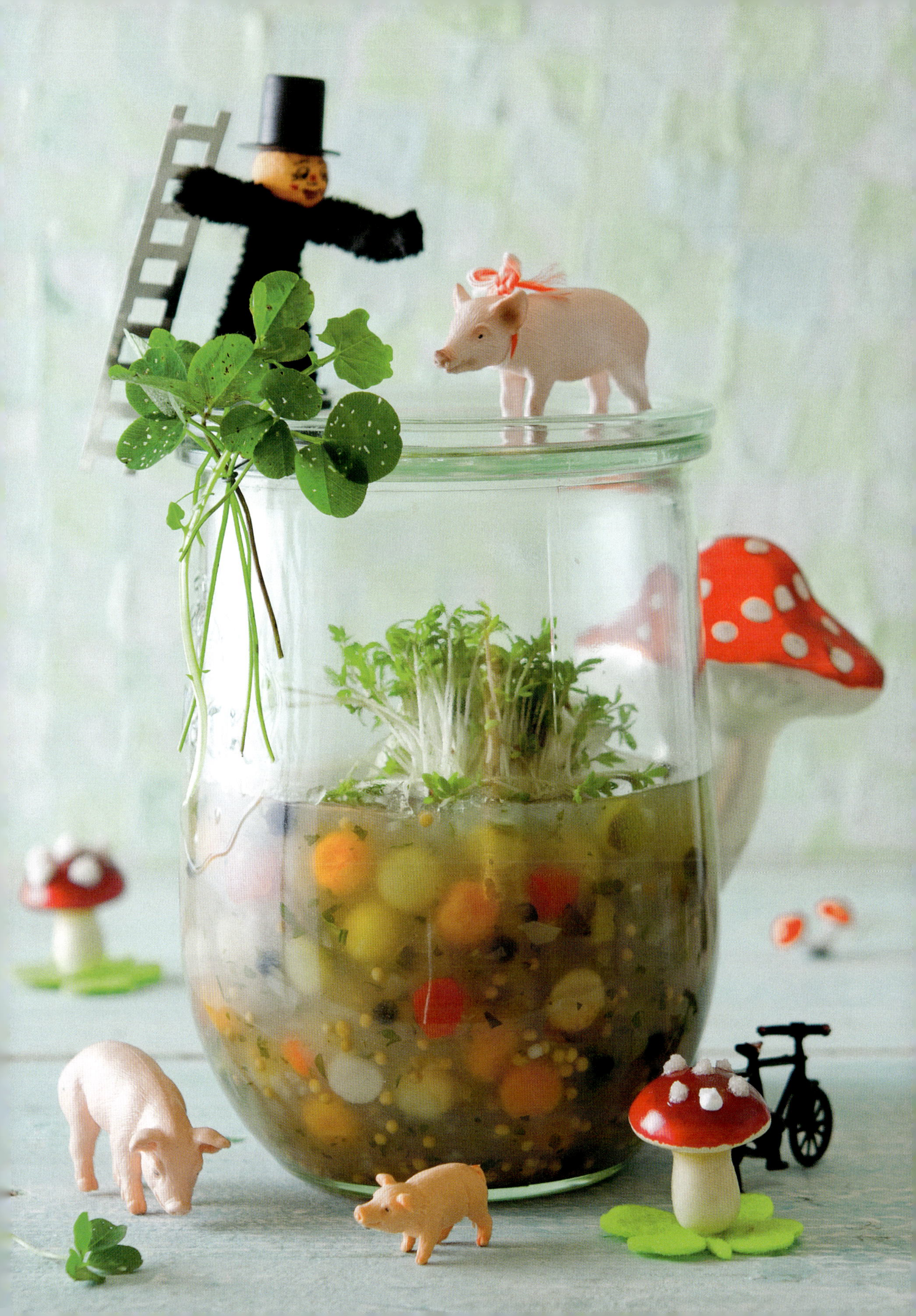

und Preis-Etiketten gehören schon seit Jahren nicht mehr auf meinen Esstisch. Ich mag keine Werbung oder Branding-Etiketten begutachten, während ich esse. Ich liebe es einfach, formschön und zweckmäßig. Alles Kriterien, die ein Einmachglas mit sich bringt.

Auch die Vorratshaltung in der Küche lässt sich mit Einmachgläsern gut organisieren. Pasta, Trockenfrüchte, Mehl, Hülsenfrüchte, Gewürze usw. sind in Einmachgläsern luftdicht und sicher vor Lebensmittel-Motten verpackt. Wie und was in den Gläsern gelagert wird, dem sind keine Grenzen gesetzt.

Willkommen im Abenteuerland Einmachglas! Und wenn sie nicht zu Bruch gegangen sind, dann können wir sie auch mit gutem Gewissen an unsere Kinder vererben. Ich benutze tatsächlich noch einige Vintage-Gläser aus dem Haushalt meiner Mutter und Urgroßmutter.

No Plastik

Besonders wichtig in meiner Haushaltsführung ist es, so wenig wie möglich Plastik zu verwenden. Allein schon aus gesundheitlichen Gründen. Denn die in Plastik angebotenen Lebensmittel geben ihre Inhaltsstoffe und Giftstoffe an die darin verpackten Lebensmittel ab. Somit landen diese in unserem Körper. Eine schleichende unsichtbare Konterminierung mit Plastik findet in unserem Körper statt. Und schon lange eine deutlich sichtbare Vergiftung mit Plastik auf unserem Planeten.

Das Umweltbundesamt und die medizinische Universität in Wien haben in einer Pilotstudie bei Männern und Frauen zwischen 33 und 65 Jahren bei allen Probanden Mikroplastik im Stuhlgang nachgewiesen. Die Teilnehmer hatten eine Woche lang in Plastik verpackte Lebensmittel verzehrt und Wasser aus PET-Flaschen getrunken.

Betrachten wir unsere Lebensmittelverpackungen, so müssen wir feststellen, dass diese fast alle aus Plastik bestehen. Vieles davon ist nicht notwendig wie zum Beispiel Obstsalate, die in Plastikbechern abgepackt werden, oder aber auch in Plastik abgepackte Käsesorten, die an der Käsetheke angeboten werden.

Brauchen wir täglich wirklich 200 Sorten Käse zur Auswahl? Noch vor zehn Jahren wurde Käse am Tresen von einer Fachkraft portioniert und eingepackt. Der Käse wurde in Wachspapier eingewickelt und man konnte Fragen zum Produkt stellen. Ein Weg, den wir wieder aufnehmen sollten. Allein schon unserer Gesundheit zuliebe.

Denn Essen hat den wichtigsten Stellenwert in unserem Leben. Wir modellieren damit täglich unseren Körper von innen wie von außen. Auch unser Denken wird von der Art unserer Nahrung beeinflusst. Das hat wiederum Einfluss darauf, wie wir mit uns selbst und mit unserer Umwelt und unseren Mitmenschen umgehen. Also nur das Beste für unseren Körper. Damit wir auch noch morgen auf diesem Planeten zufrieden und gesund leben können.

Warum wir Biolebensmittel bevorzugen sollten:

- Bioprodukte sind transparenter, da sie regelmäßigen Kontrollen unterliegen.
- Bei der Herstellung von Bioprodukten wird auf Gentechnik verzichtet.
- Biolandwirte verwenden keine chemisch-synthetischen Pestizide.
- Der Anbau von Bio-Produkten ist nachhaltiger, der Energieverbrauch deutlich geringer.
- Biolebensmittel enthalten weder künstliche Konservierungsstoffe noch Geschmacksverstärker.
- Die ökologische Landwirtschaft ist klimafreundlicher als die konventionelle.
- Der ökologische Landbau setzt sich für artgerechte Tierhaltung ein.
- Bioprodukte sind nachhaltiger, weil die Biobauern im Einklang mit der Natur wirtschaften und einen Fruchtwechsel beachten.
- Bioprodukte sind klimafreundlicher, weil sie einen niedrigeren CO_2-Ausstoß haben.

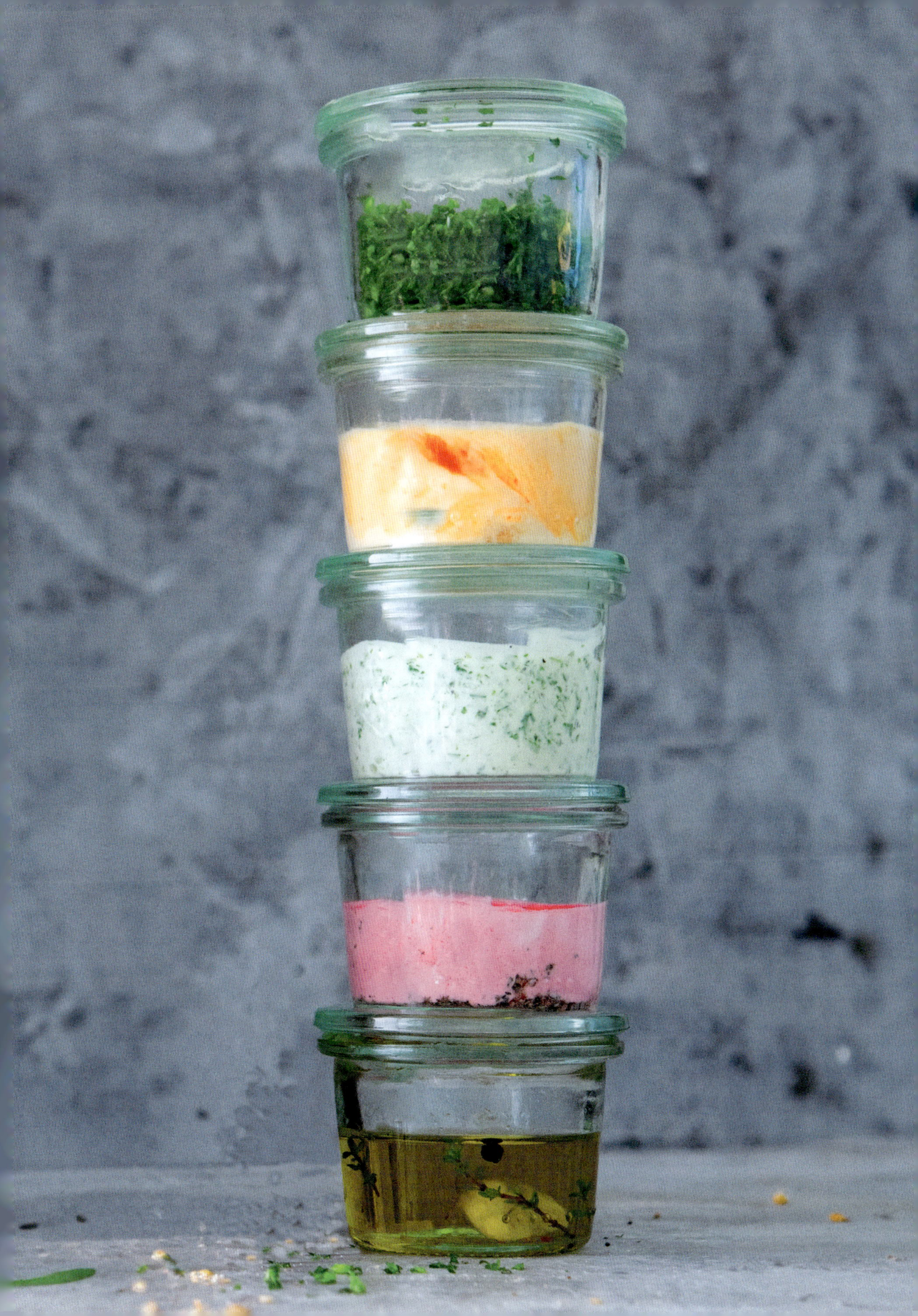

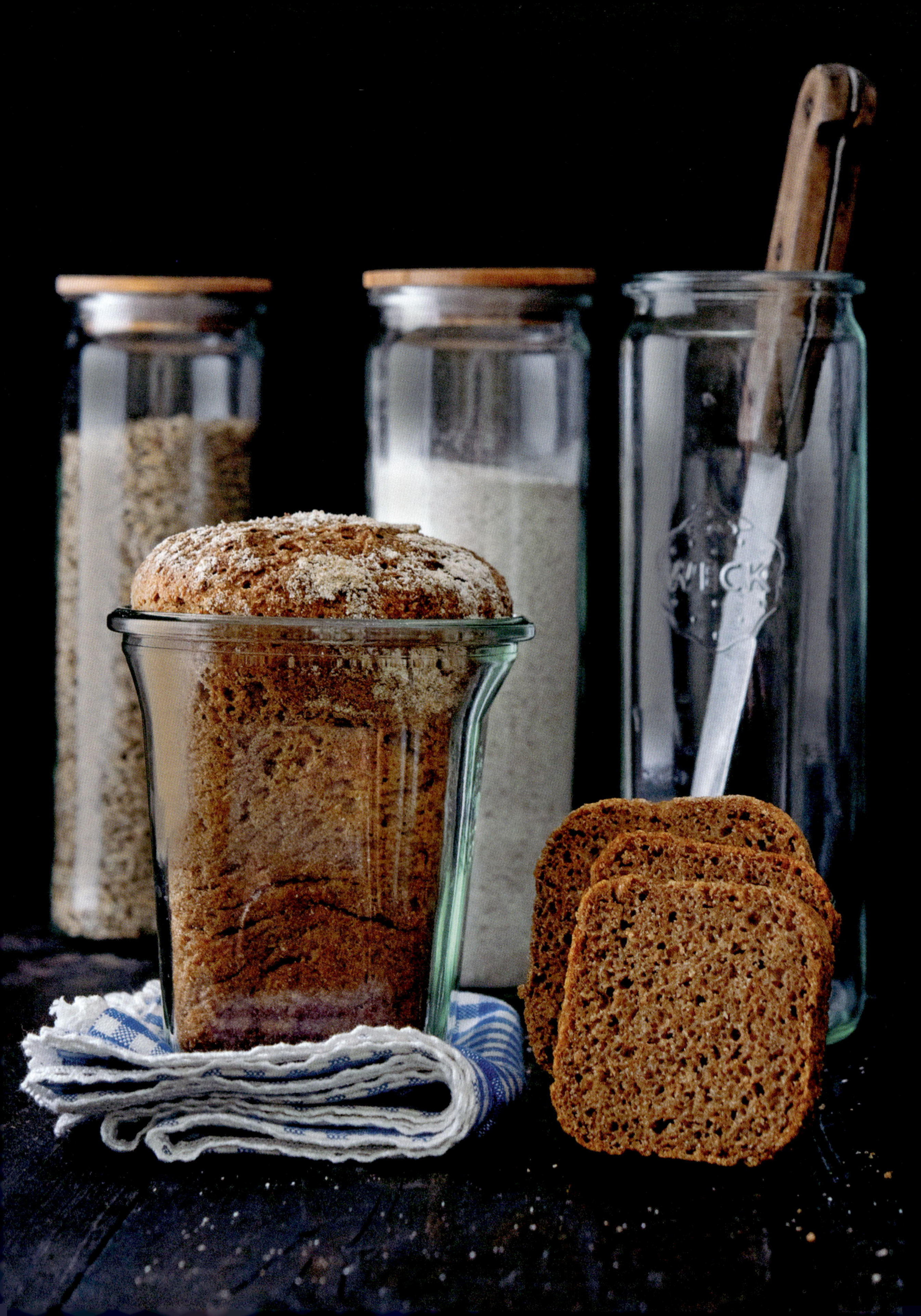
WECK

By the way: Bio ist auch für den kleinen Geldbeutel erschwinglich. In der Kosten-Nutzen-Rechnung unserer Ernährung sollten wir einen wichtigen Posten nicht vergessen. Ungesunde Nahrungsmittel führen zu ernährungsbedingten Krankheiten, die verbunden sind mit vielen Arztbesuchen. Sie beinhalten Einschränkungen im Arbeitsleben, hohe Geldausgaben und können zu Verlust an Lebensfreude führen. Eine gute Vorsorge wäre, unsere Ernährung vegetarisch/vegan und vollwertig zu gestalten. Optimal mit regionalen, plastikfrei und fair gehandelten Lebensmitteln.

Gesund geht am besten mit vegetarischen/veganen, plastikfreien Bioprodukten aus dem Umland. Wobei man darauf achten sollte, Bioprodukte zu kaufen, die vollwertig sind. Das heißt keine hochverarbeiteten Nahrungsmittel mit Auszugsmehl, Zucker und hochverarbeiteten Fetten.

Ernährungsempfehlung

Für den gesunden Menschen gilt die Empfehlung, etwa ein Drittel der täglichen Nahrung in Form von Frischkost (nicht erhitzte Lebensmittel) zu verzehren. Davon sollte das Obst etwa ein Drittel und das Gemüse etwa zwei Drittel betragen.

Speisen, die täglich gegessen werden können:
- Vollkornbrot
- Frischkornmüsli
- Frischkost, bestehend aus rohem Gemüse und rohem Obst (z. B. als Salat)
- Naturbelassene Öle und Fette mit der Bezeichnung: extra virgin, kaltgepresst oder nativ

Speisen, die zu meiden sind:
- Auszugsmehl und Auszugsmehlprodukte
- Alle Fabrikzuckerarten, z. B. weißer Zucker, Rohrohrzucker, Agavendicksaft, Ahornsirup, Stevia, Kokosblütenzucker usw.
- Alle raffinierten, fabrikatorisch hergestellten Öle und Fette, z. B. Margarine

Das Einmachglas – ein Evergreen

- Einmachgläser sind nachhaltig und preiswert. Eine Verpackung unserer Umwelt zuliebe.

- In Deutschland werden Einmachgläser auch »Weck-Glas« nach der Firma Weck benannt. Davon abgeleitet entstand der Begriff »einwecken«. In Österreich heißen sie »Rex-Gläser« und das Einkochen wird dort »Einrexen« genannt.

- Die Gläser der Firma Weck werden unterschieden in Sturzgläser und Rundgläser.

- Sturzgläser besitzen die Besonderheit, dass diese für Speisen verwendet werden können, die nach der Zubereitung aus dem Glas gestürzt werden sollen. Dazu gehören unter anderem Brot, Kuchen, Pastete, Pudding und Eiscreme.

- Rundgläser verengen sich nach oben und können deshalb nicht für Speisen genutzt werden, die aus dem Glas gestürzt werden sollen.

- Die Firma Weck empfiehlt, Einmachgläser im Backofen nur bis 180 °C zu verwenden. Ich backe mein Brot aber seit Jahren in den ersten 10 Minuten sogar bei 240 °C. Bisher ist bei mir noch kein Glas geplatzt.

- Einmachgläser sind spülmaschinen geeignet.

- Alle Weck-Gläser lassen sich auch bis -40 °C einfrieren.

- Der Inhalt von Einmachgläsern ist von außen sofort zu erkennen und ermöglicht schnell eine Übersicht über die Dinge, die im Kühlschrank oder Vorratsregal gelagert sind.

- Gläser mit Schraubdeckel, sogenannte Twist-off-Gläser, sind im Deckel mit einer elastischen Dichtung versehen. Diese Gläser eignen sich auch zum Einkochen und Zubereiten von Speisen. Auch diese Gläser können im Backofen mit Deckel bis 180 °C verwendet werden.

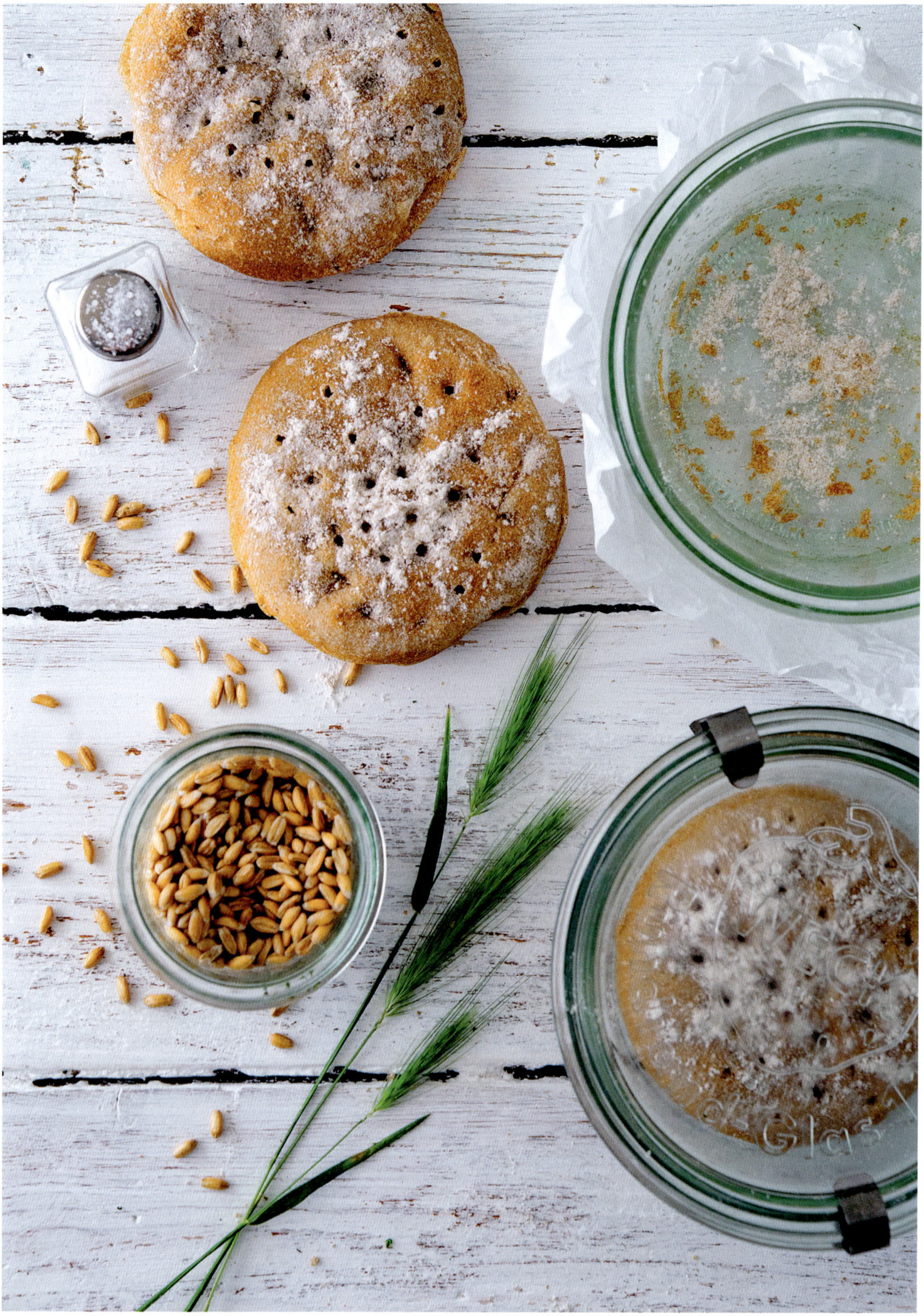

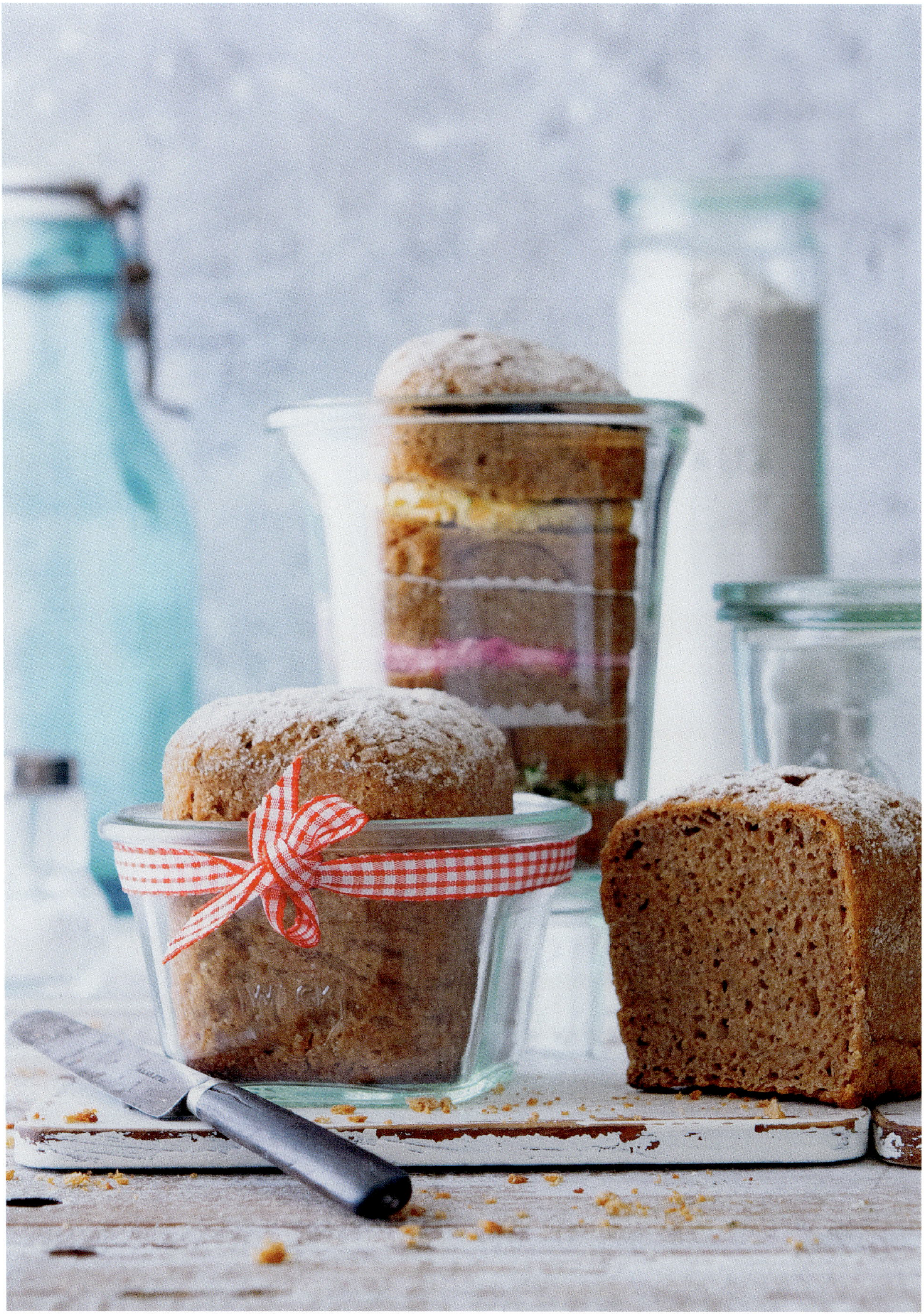

DIE REZEPTE

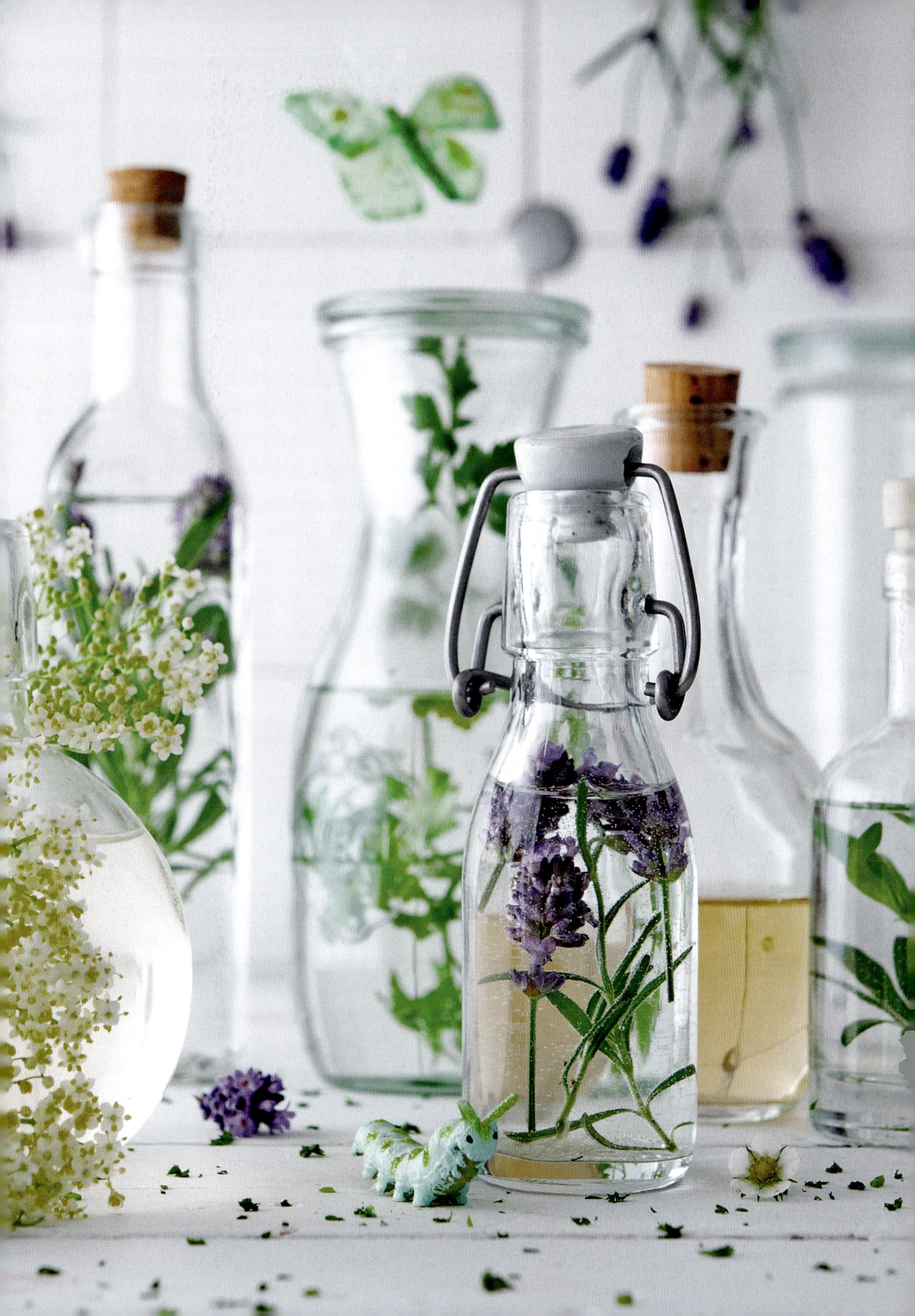

FRÜHSTÜCK

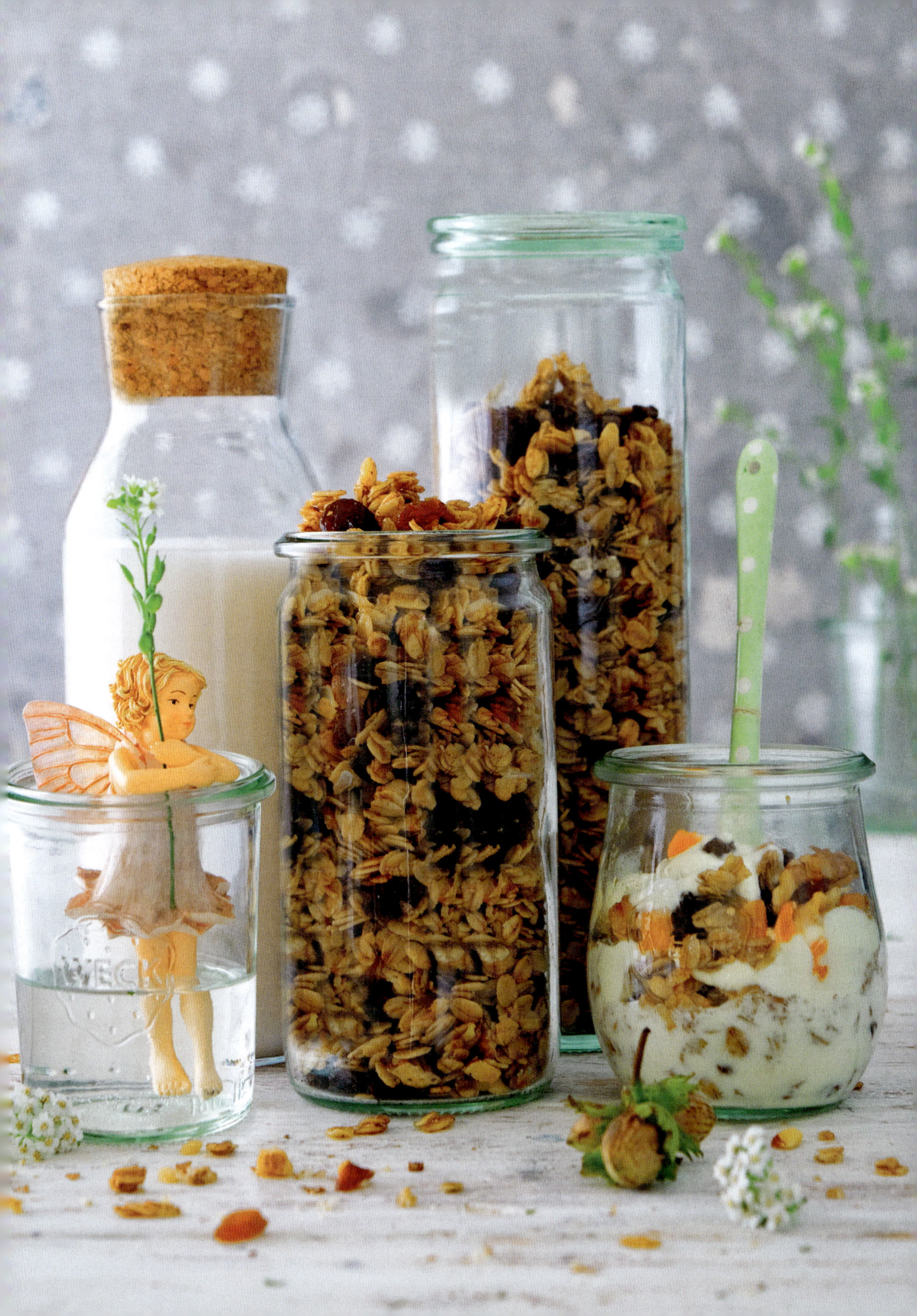

WOODSTOCK-GRANOLA

Vegetarisch, vollwertig

Granola schmeckt göttlich. Zum Müsli, als Snack oder in Cakes verbacken. Danke an James Caleb Jackson, ein US-amerikanischer Gesundheitsapostel und Sanatoriumsbetreiber, für dieses leckere Produkt. Jackson verkaufte dieses crunchy Müsli seit 1863 unter dem Namen »Granula«, das er aus gebackenem Vollkornweizenmehl herstellte. John Harvey Kellogg, Erfinder der Cornflakes, nahm diese Idee auf und brachte 1878 ein ähnliches Produkt unter dem gleichen Namen auf den Markt. Dies musste er später aus rechtlichen Gründen in »Granola« umbenennen. In den 1970er-Jahren wurde Granola dann durch das Pop-Festival Woodstock noch mal so richtig bekannt. Bei diesem Festival, wo 400 000 Zuschauer erschienen, kam es zu einem Food-Engpass, der mit Granola überbrückt werden konnte.

ZUBEREITUNGSZEIT: 30 MINUTEN PLUS 30 MINUTEN BACKZEIT

FÜR 10–15 PORTIONEN

- 50 ml Olivenöl
- 70 g flüssiger Akazienhonig
- ¼ TL gemahlene Zimt
- 1 Msp. gemahlene Vanille
- 1 Msp. Salz
- 100 g Nuss-Saaten-Mix (Mandeln, Walnüsse, Haselnüsse, Saaten nach Wahl)
- 200 g Haferflocken, Grobblatt
- 100 g Rosinen

ZUBEREITUNG

1. Den Backofen auf 160 °C Ober-/Unterhitze vorheizen und ein Backblech mit Backpapier auslegen.

2. Olivenöl, Honig, Zimt, Vanille und Salz in einer Schüssel vermengen.

3. Nüsse grob hacken und mit den Haferflocken zur Olivenöl-Honig-Masse geben. Mit einem Löffel gut vermengen.

4. Die Müslimischung gleichmäßig auf dem Backblech verteilen. In den vorgeheizten Backofen auf die mittlere Backschiene schieben. Nach 20 Minuten das Blech kurz aus dem Ofen holen und gleichmäßig die Rosinen unterheben. Anschließend weitere 10 Minuten backen. Nach dem Backen das Granola abkühlen lassen, kalt in ein Weck-Glas füllen und luftdicht verschließen.

INFO

Die Rosinen werden erst zum Schluss untergehoben, weil sie bei längerem Backen im Ofen zu trocken und dunkel werden. Haltbarkeit im verschlossenen Glas etwa 3 Monate.

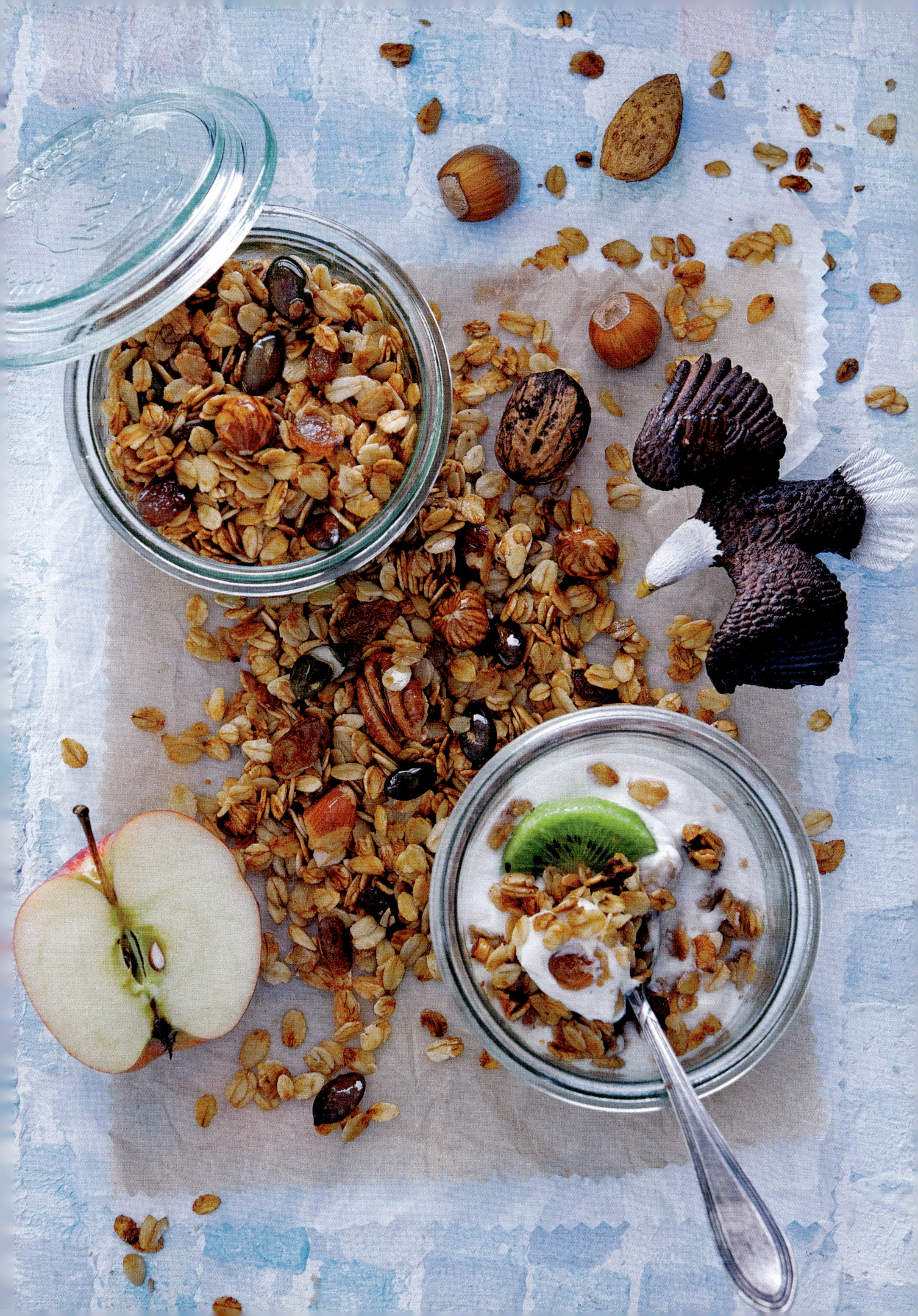

RENEKLODEN-LIMETTEN-MARMELADE

Vegetarisch

Renekloden gehören zu der Gruppe der Edelpflaumen. Die Früchte sind kugelförmig und zumeist gelbgrün. Der Name soll der Frucht zu Ehren der Königin Claude de France (Claudia von Frankreich) verliehen worden sein.

ZUBEREITUNGSZEIT: 60 MINUTEN

FÜR 3 GLÄSER

3 Weck-Rundgläser à 220 ml
Alternativ: Twist-off-Gläser

1 Limette
30 g Speisestärke
450 g frische Renekloden (es werden 400 g Fruchtfleisch ohne Stein benötigt)
200 g Akazienhonig

ZUBEREITUNG

1. Gläser, Deckel und Gummiringe mit kochendem Wasser sterilisieren und anschließend auf ein sauberes Küchentuch abstellen.
2. Limette waschen und mit einem Küchentuch trocknen. Die Schale fein abreiben. Die Limette halbieren und 2 EL Saft auspressen.
3. Die Speisestärke in einer kleinen Schale mit 3 EL kaltem Wasser verrühren.
4. Die Renekloden waschen und die Kerne entfernen. Das Fruchtfleisch grob zerkleinern. In einem Topf den Honig aufkochen und die Renekloden dazugeben. Auf kleiner Hitze 1–2 Minuten köcheln lassen. Limettensaft und Limettenschale hinzugeben und dann unter ständigem Rühren zügig die Speisestärke unterrühren. Aufkochen und 1 Minute bei kleiner Hitze köcheln lassen. Oft umrühren.
5. Die Marmelade in die sterilisierten Weck-Gläser füllen. Abkühlen lassen und im Kühlschrank lagern. Haltbarkeit mindestens 4 Wochen.

INFO

Alternativ die Marmelade in Twist-off-Gläser füllen. Verschließen und auf dem Kopf stehend abkühlen lassen. Haltbarkeit im Kühlschrank etwa 3 Monate.

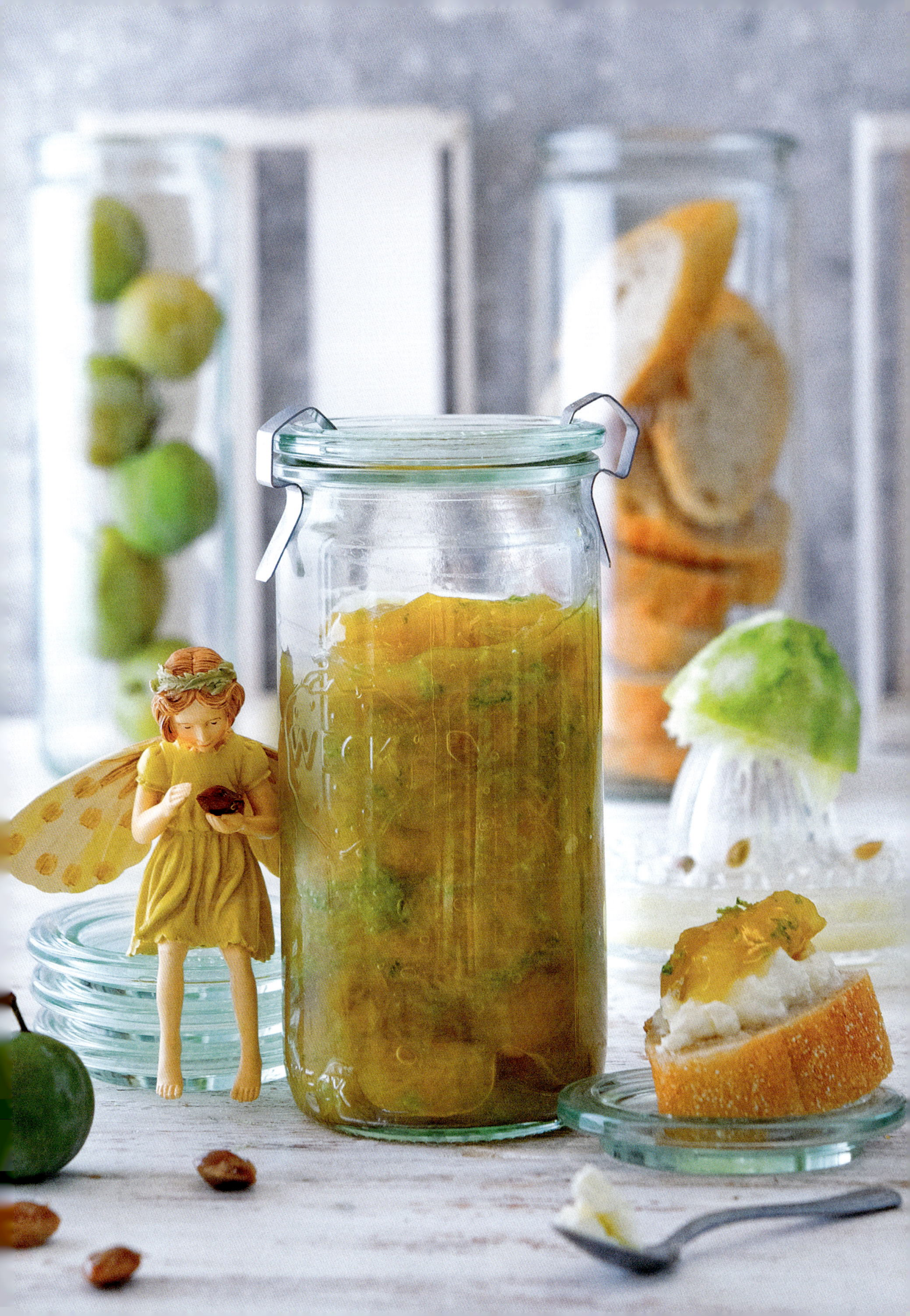
WECK

CURRY-FARMERSALAT MIT TRAUBEN

Vegan oder vegetarisch, vollwertig

Curryscharfer Brotaufstrich. Mit viel Rohkost, süßen Trauben und einem Hauch Curry energiereich in den Tag starten.

ZUBEREITUNGSZEIT: 30 MINUTEN

BELAG FÜR CA. 10 SCHEIBEN BROT

Weck-Glas 850 ml

Vegane Mayonnaise
30 ml Zitronensaft
50 + 200 ml Wasser
80 g weißes Mandelpüree
125 ml Rapsöl
125 ml Sonnenblumenöl
1 geh. TL Senf
1 geh. TL Salz
¼ TL weißer Pfeffer

Curry-Farmersalat
100 g Lauch
15 ml Weißweinessig
15 g Akazienhonig oder Dattelpüree
1 geh. TL Kala Namak (Schwarzsalz, fein)
1 geh. TL scharfes Currypulver
50 g vegane Mayonnaise
100 g veganer Joghurt oder Schmand
100 g Karotten
100 g Knollensellerie
150 g blaue Weintrauben

INFO

Haltbarkeit im Kühlschrank 1–2 Wochen.

ZUBEREITUNG

VEGANE MAYONNAISE

1. Zitronensaft, 50 ml Wasser und das Mandelpüree in einen Pürierbecher geben. Mit einem Pürierstab die Masse cremig mixen.
2. Die Öle während des Pürierens langsam dazugießen. Nach etwa der Hälfte der Ölzufuhr wird die Masse sehr dick. Nochmals 50–100 ml Wasser hinzugeben und dann langsam weiter das restliche Öl unterpürieren.
3. Senf, Salz, Pfeffer und 50 ml Wasser vermengen und zum Schluss unter die Mayonnaise mixen. WICHTIG: Senf, Salz und Pfeffer immer erst zum Schluss unterheben, weil sonst die Emulsion gestört wird.

CURRY-FARMERSALAT

1. Lauch waschen, in feine Ringe schneiden und in kochendem Salzwasser ½ Minute blanchieren. Danach in eiskaltem Wasser abschrecken. Kräftig ausdrücken.
2. Weißweinessig, Honig (oder Dattelpüree), Kala Namak und Currypulver in einer Schale miteinander verrühren. Anschließend vegane Mayonnaise und veganen Joghurt unterrühren.
3. Karotten waschen und mit einem Küchentuch abtrocknen. Knollensellerie schälen und waschen. Karotten und Sellerie auf einem Gemüsehobel fein raspeln. Alle Zutaten in einer Schale vermengen.
4. Weintrauben waschen und mit einem Küchentuch abtrocknen. Die Trauben je nach Größe vierteln oder halbieren. Bei Bedarf entkernen. Anschließend unter den Salat heben. Mit Salz und Pfeffer abschmecken. In ein großes Glas abfüllen und mit einem Deckel verschließen. Haltbarkeit im Kühlschrank 5 Tage.

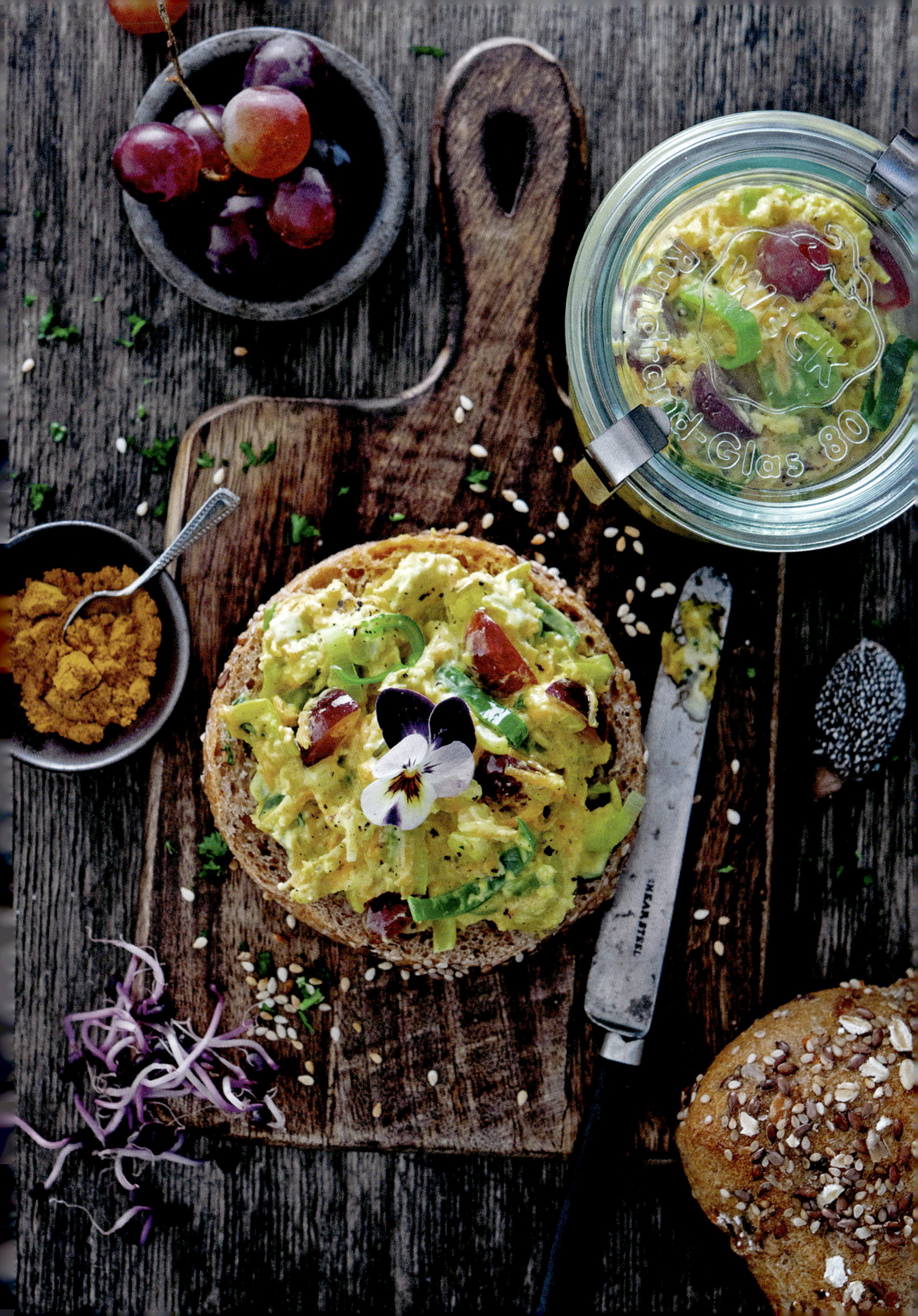
Rundrand-Glas 80

ROTE-BETE-MEERRETTICH-AUFSTRICH

Vegan und vollwertig

Ein kleines, scharfes rotes Ding, was die Brotmahlzeit rockt. Herrlich cremig und ein wenig scharf vom Meerrettich. Her damit ... und weck damit.

ZUBEREITUNGSZEIT: 60 MINUTEN | EINWEICHZEIT: 4 STUNDEN

FÜR 3 WECK-RUNDGLÄSER À CA. 220 ML

- 125 g Sonnenblumenkerne
- 170 g Rote Bete
- 60 g Meerrettichcreme oder frisch geriebener Meerrettich (dann etwas weniger verwenden)
- 75 ml Sonnenblumenöl
- 25 ml Zitronensaft
- 1 geh. TL Senf
- 1 TL Salz

ZUBEREITUNG

1. Sonnenblumenkerne mit 300 ml Wasser in einem Kochtopf für 4 Stunden einweichen. Danach zum Kochen bringen und 15 Minuten bei kleiner Temperatur kochen. Wasser abgießen und in einem Sieb die Kerne mit kaltem Wasser abspülen. Anschließend gut abtropfen lassen.
2. Rote Bete mit Schale in Wasser weich kochen. Kochzeit etwa 1 Stunde. Anschließend die Schale entfernen und die Bete in kleine Würfel schneiden.
3. Sonnenblumenkerne, Meerrettich, 70 g Rote-Bete-Würfel, Sonnenblumenöl, Zitronensaft, Senf und Salz mit einem Pürierstab oder Küchenmixer cremig mixen. Am feinsten wird der Aufstrich mit einem Hochleistungsmixer (z. B. Vitamix).
4. Die restlichen 100 g Rote-Bete-Würfel mit einem Löffel unter den Aufstrich rühren. Haltbarkeit im Kühlschrank etwa 1 Woche.

INFO

Der Aufstrich lässt sich gut einfrieren.

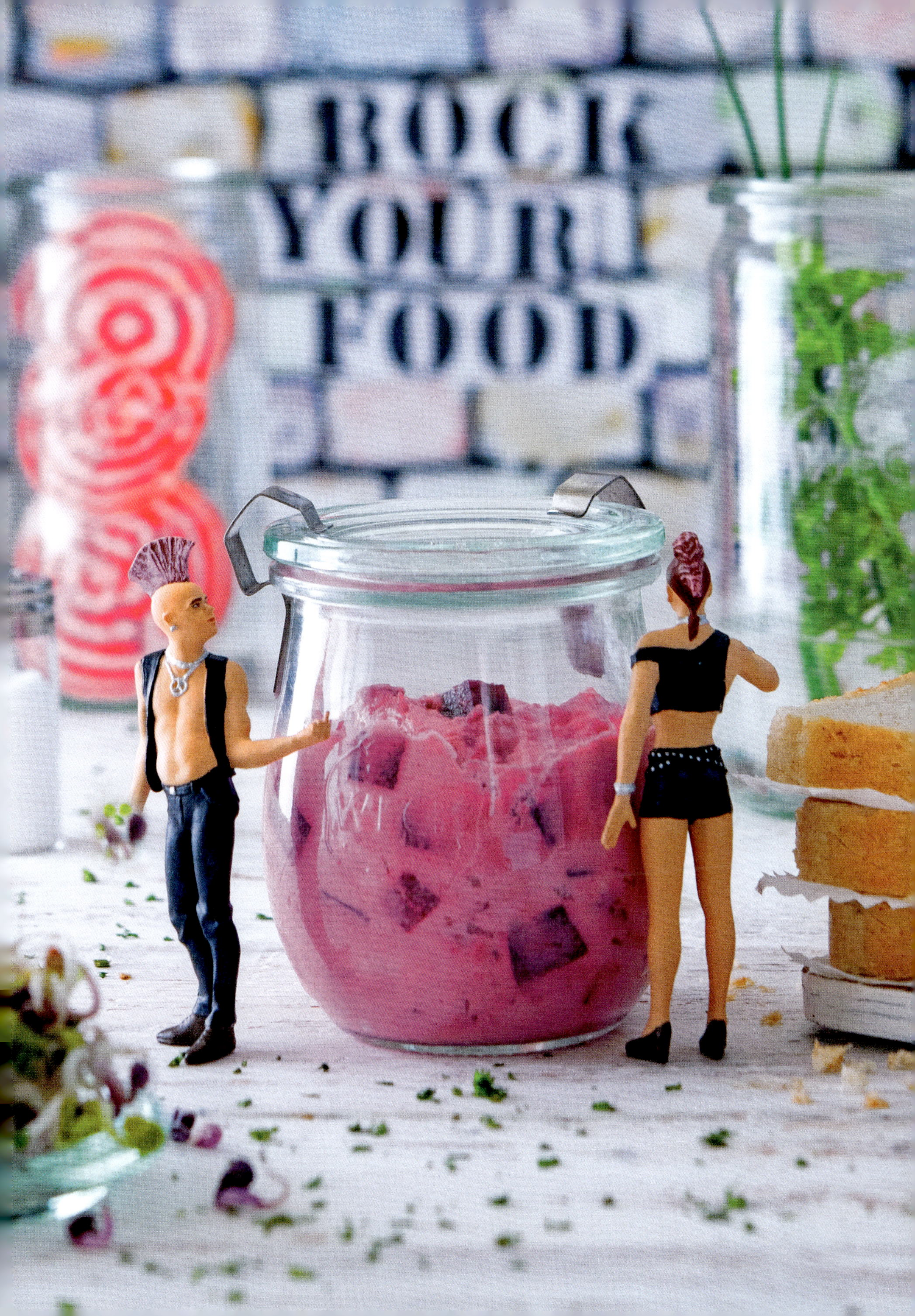
ROCK
YOUR
FOOD

MUTTIS KOCHKÄSE 1957

Vegetarisch, vollwertig

Kochkäse fand man vor Jahrzehnten noch in jedem Lebensmittelladen. Heute ist er selten bis gar nicht mehr zu finden. Zeit für ein Revival.

ZUBEREITUNGSZEIT: 30 MINUTEN

FÜR 4 PORTIONEN

Weck-Sturzglas 340 ml

200 g Sahne
200 g Handkäse (Harzer Roller)
1 TL Salz
1 geh. TL Kümmel
250 g Magerquark
60 g kalte Butter

ZUBEREITUNG

1. In einem Topf die Sahne zum Kochen bringen.
2. Den Handkäse in kleine Stücke schneiden und mit einem Schneebesen bei kleiner Hitze unter die Sahne rühren, bis der Käse sich aufgelöst hat. Oft umrühren. Nicht kochen. Nur simmern lassen. Salz und Kümmel hinzufügen.
3. Magerquark unterrühren und zum Schluss die kalte Butter in Stücken unterschlagen.
4. Kochkäse in ein Glas abfüllen und beim Abkühlen ab und zu umrühren, damit der Kümmel sich nicht unten absetzt.

INFO

1. Haltbarkeit im Kühlschrank etwa 1 Woche.
2. Der Handkäse sollte bei der Zubereitung schon gut durchgereift sein. Falls nicht, den Käse bei Zimmertemperatur ein paar Tage im Glas reifen lassen. Dann entwickelt er sein volles Aroma.

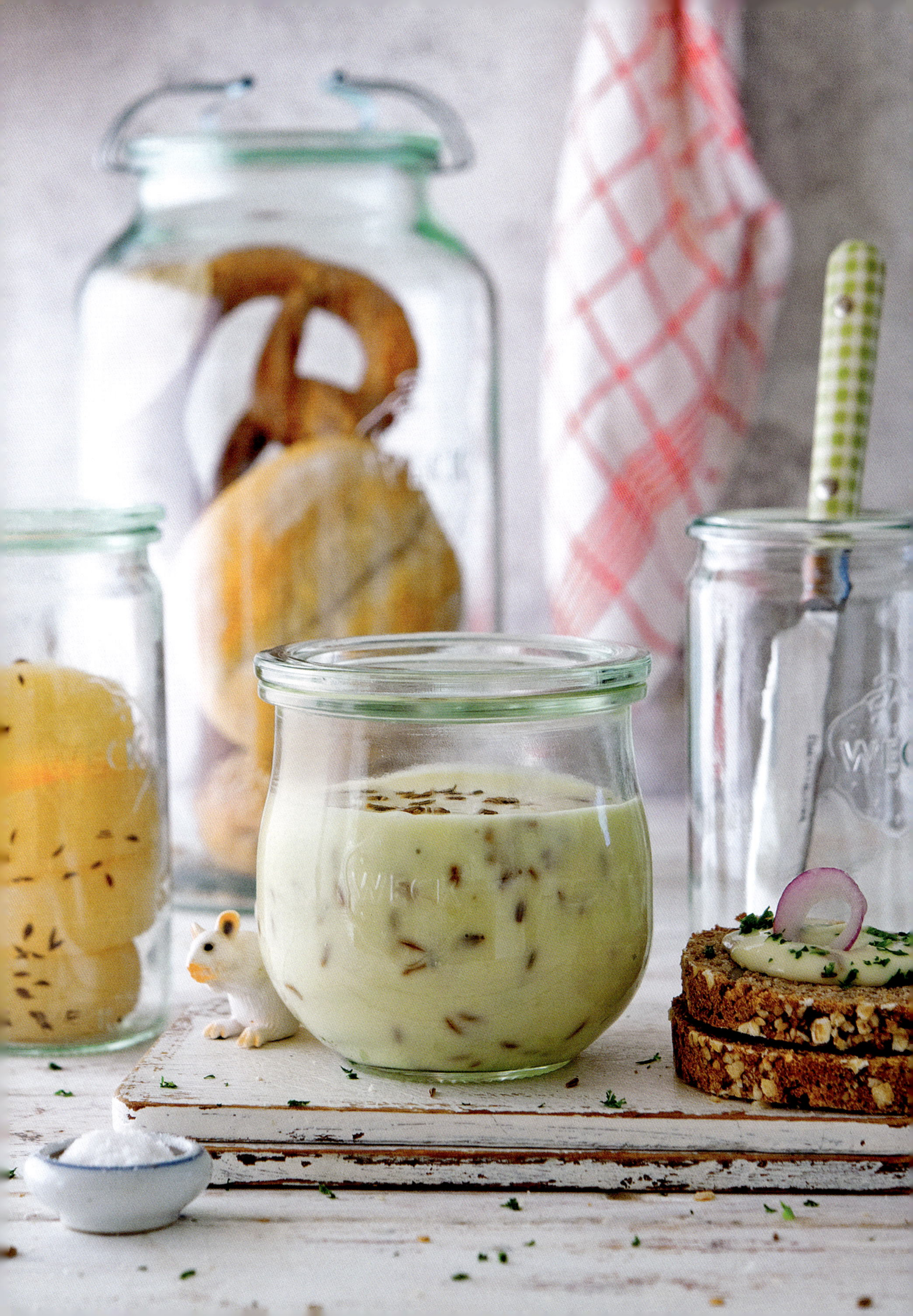

ITALIENISCHES GEMÜSE-GELEE

Vegan, vegetarisch, vollwertig

Mediterran angehauchter Brotbelag. Für die Herstellung werden die Deckel vom Weck-Glas verwendet. Die Scheiben werden somit alle gleichmäßig dick und glänzen auf der Unterseite.
Das Gelee kann aber auch in einem Sturzglas zubereitet werden. Dabei sollte die Masse im Glas bis zum Gelieren immer mal wieder umgerührt werden, damit sich das gesamte Gemüse nicht am Boden absetzt. Passende Begleiter für diese Version sind Backkartoffeln, Salat und vegane Mayonnaise (siehe Seite 24).

ZUBEREITUNGSZEIT: 90 MINUTEN PLUS ZIEHZEIT

FÜR 20–25 SCHEIBEN

25 Weck-Glasdeckel, Rundrand 100, oder Weck-Sturzgläser nach Wahl

20 g getrocknete Tomaten
20 g Karotten
20 g rote Paprika
20 g Fenchel
20 g Knollensellerie
20 g Zwiebeln
½ Bund krause Petersilie
20 g Zucchini
400 ml Gemüsebrühe
7 g Agar-Agar
3 EL Essig
1 TL Senfsaat
5 Pimentkörner
1 geh. TL Anis-Saat
1 ½ geh. TL Salz
¼ TL Pfeffer

ZUBEREITUNG

1. Tomaten fein hacken, mit 100 ml heißem Wasser übergießen und etwa 1 Stunde ziehen lassen.
2. Karotten, Paprika, Fenchel, Sellerie waschen und zu einer sehr feinen Brunoise schneiden. Zwiebeln abziehen und fein hacken. Alles in eine Schüssel geben.
3. Petersilie waschen und fein hacken. Zucchini waschen und zu einer feinen Brunoise schneiden. Beides an die Seite stellen.
4. Gemüsebrühe in einen Topf füllen und mit Agar-Agar verrühren. Essig, Senfsaat, Piment, Tomaten mit Einweichsud, Anis-Saat, Salz und Pfeffer dazugeben und gut verrühren.
5. Anschließend Karotten, Paprika, Fenchel, Zwiebeln und Sellerie dazugeben, aufkochen und ½ Minute auf kleiner Flamme köcheln lassen. Zum Schluss die Zucchini und Petersilie unterrühren und den Topf vom Herd nehmen.
6. Jeweils 3 EL des flüssigen Gemüse-Gelees in einen Weck-Glasdeckel geben und erkalten lassen. Wenn die Masse fest geworden ist, mit einem Messer anheben und aus dem Deckel entnehmen. Die Geleescheiben in einem verschlossenen Glas im Kühlschrank lagern.

INFO

1. Das Gemüse-Gelee kann auch in große Weck-Sturzgläser gefüllt werden. Damit sich das gesamte Gemüse nicht auf dem Boden absetzt, muss beim Erkalten alle 3–5 Minuten umgerührt werden. Dieses Gelee eignet sich besonders gut als Beilage zu Bratkartoffeln mit veganer Mayonnaise.
2. Haltbarkeit im Kühlschrank mindestens 1 Woche.

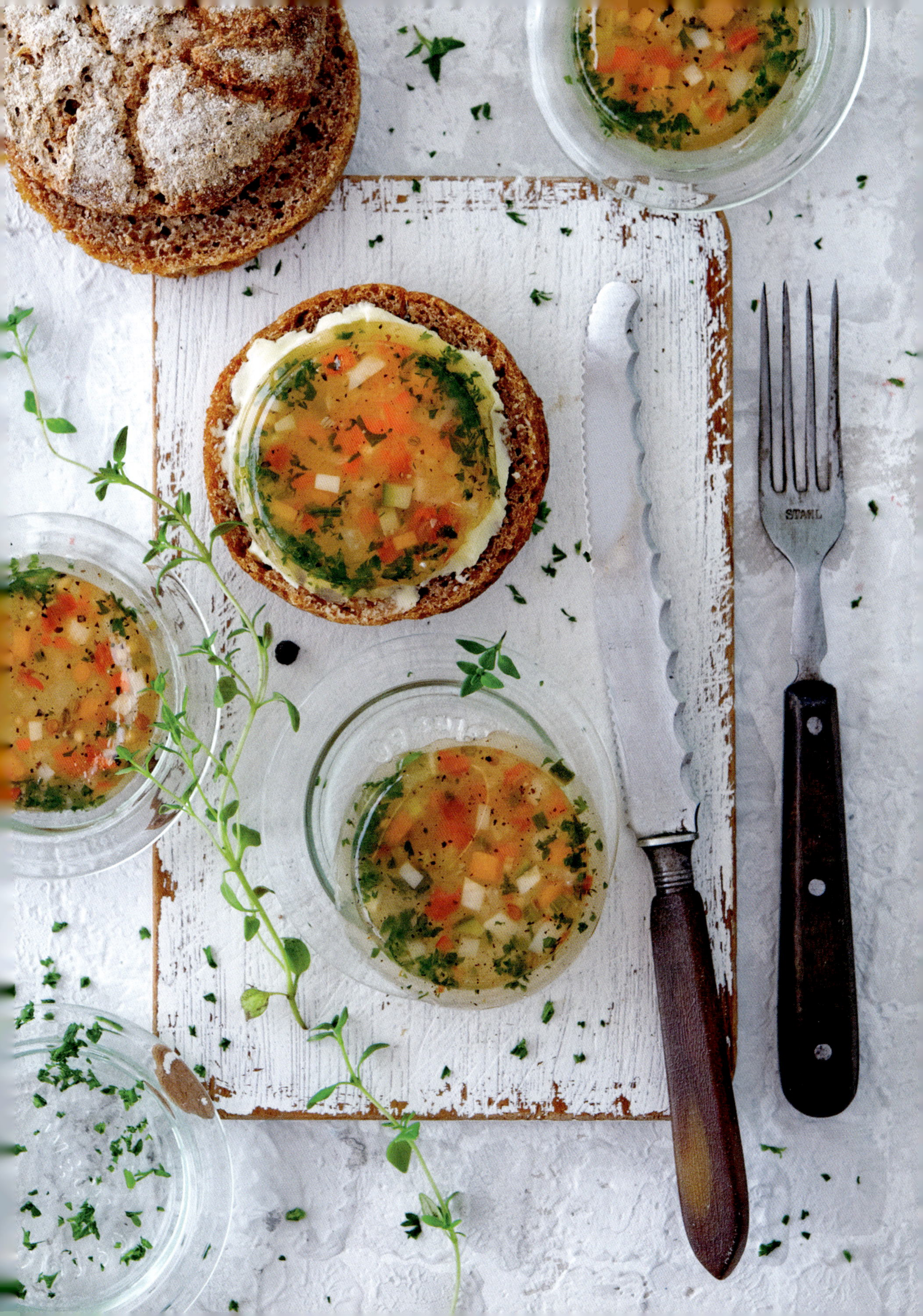
STAHL

CHAMPIGNONSALAT-BROTAUFSTRICH

Vegan oder vegetarisch, vollwertig

Für alle, die nicht nur Süßes zum Frühstück essen möchten, ist dieser Brotbelag für Stullen, Schrippen, Brezeln, Knäckebrot usw. die richtige Begleitung. Passt auch super auf jedes Büfett oder als Grillbeilage.

ZUBEREITUNGSZEIT: **60 MINUTEN**

FÜR CA. 6 SCHEIBEN BROT

Weck-Glas 580 ml oder 500 ml

Vegane Mayonnaise
30 ml Zitronensaft
50 + 200 ml Wasser
80 g weißes Mandelpüree
125 ml Rapsöl
125 ml Sonnenblumenöl
1 geh. TL Senf
1 geh. TL Salz
¼ TL weißer Pfeffer

Champignonsalat
200 g frische Champignons
50 ml Weißweinessig
Salz
50 g vegane Mayonnaise*
100 g veganer Sojaquark oder Schmand
1 TL Kala Namak
1 geh. TL frisch gehackte Kräuter, z. B. Estragon, Schnittlauch oder Petersilie
2 Msp. Pfeffer

ZUBEREITUNG
VEGANE MAYONNAISE

1. Zitronensaft, 50 ml Wasser und das Mandelpüree in einen Pürierbecher geben. Mit einem Pürierstab die Masse cremig mixen.
2. Die Öle während des Pürierens langsam dazu gießen. Nach etwa der Hälfte der Ölzufuhr wird die Masse sehr dick. Nochmals 50–100 ml Wasser hinzugeben und dann langsam weiter das restliche Öl unterpürieren.
3. Senf, Salz, Pfeffer und 50 ml Wasser vermengen und zum Schluss unter die Mayonnaise mixen. WICHTIG: Senf, Salz und Pfeffer immer erst zum Schluss unterheben, weil sonst die Emulsion gestört wird.

CHAMPIGNON-SALAT

1. Champignons in dünne Scheiben schneiden.
2. In einem Topf Essig mit 1 gestr. TL Salz zum Kochen bringen. Die Champignons hinzugeben, im geschlossenen Topf etwa 1 Minute kochen, durch ein Sieb geben und die Champignons kalt werden lassen.
3. Mayonnaise mit Sojaquark und Kala Namak verrühren. Die Kräuter und Champignons untermischen, mit Salz und Pfeffer abschmecken und in Gläser abfüllen.

INFO

Haltbarkeit im Kühlschrank etwa 1 Woche.

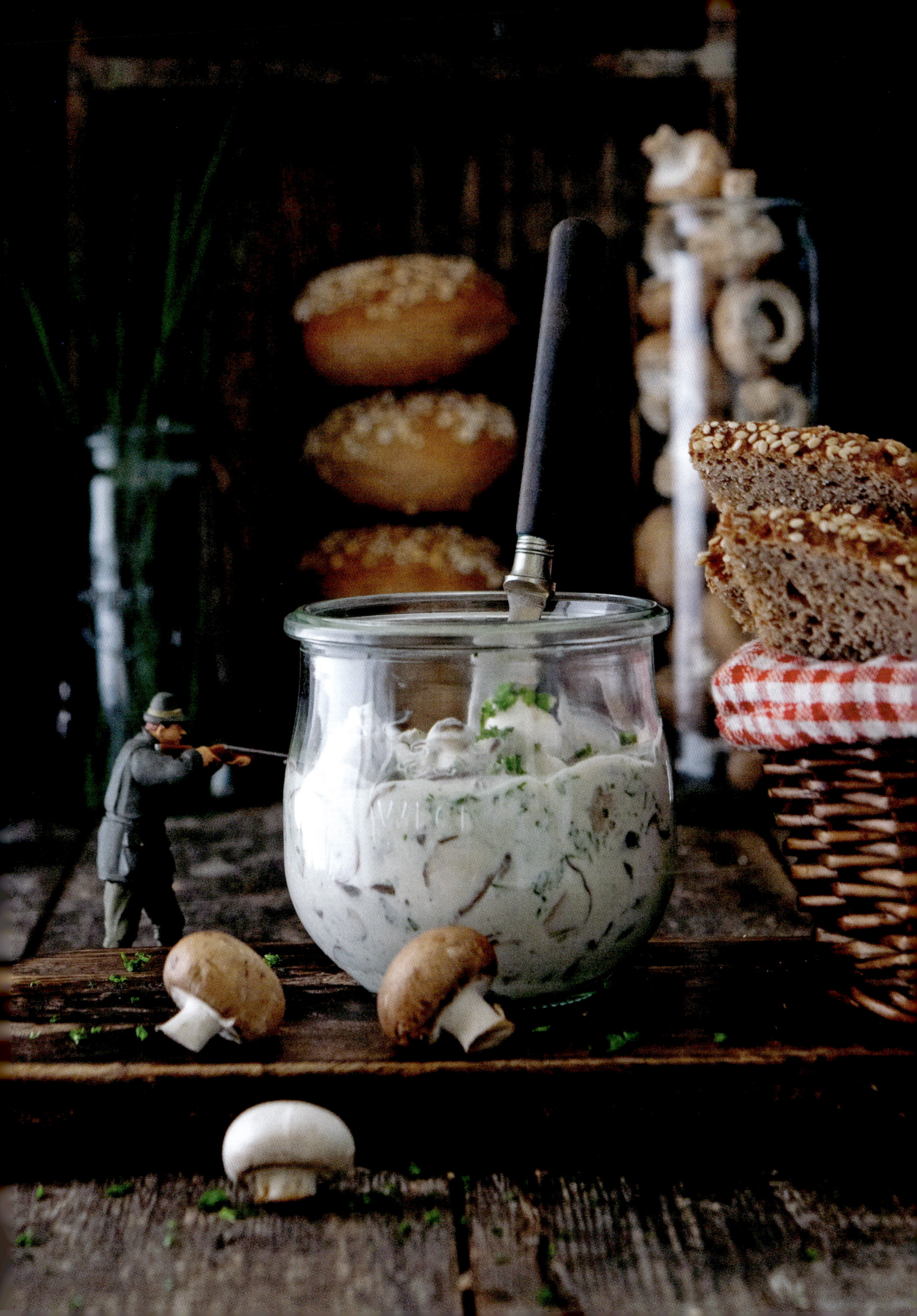

GETRÄNKE

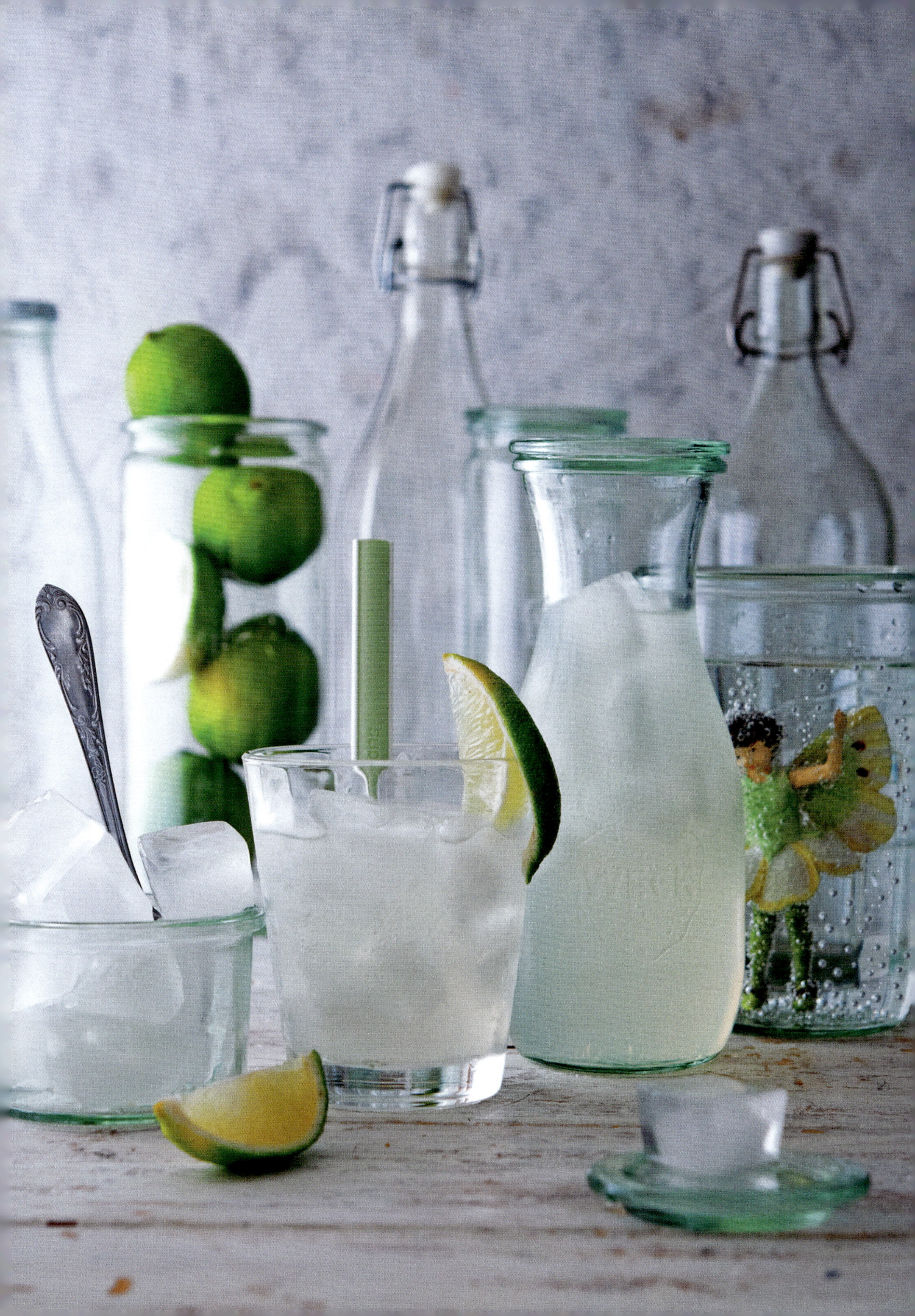
WECK

HASELNUSS-ERDNUSS-SHAKE

Vegan

Ein Liebhaber, der die süße Seele küsst wie kein anderer zuvor. Ein Praliné. Genießen, träumen und hoffen, dass er sich morgen wieder meldet.

Für diesen Shake wird Haselnussmus verwendet. Dieses wird zu 100 Prozent aus Haselnüssen hergestellt und ist in jedem gut sortierten Bioladen zu bekommen. Nicht zu verwechseln mit Nuss-Nougat-Creme, die mit viel Zucker hergestellt wird.

ZUBEREITUNGSZEIT: 15 MINUTEN

FÜR 4 × 200 ML

Weck-Saftflaschen

100 g Medjool-Datteln
1 geh. TL Kakao
1 Msp. gemahlener Zimt
1 Msp. gemahlene Vanille
50 g Haselnussmus*
50 g Erdnussmus
600 ml Reisdrink

*alternativ Mandelmus

ZUBEREITUNG

1. Medjool-Datteln entkernen und klein schneiden.
2. Datteln, Kakao, Zimt, Vanille, Haselnussmus, Erdnussmus und die Hälfte des Reisdrinks in einen Mixbecher geben. Mit einem Pürierstab cremig-fein pürieren. Anschließend den restlichen Reisdrink hinzufügen und nochmals kurz pürieren.

INFO

1. Statt Reisdrink kann auch Hafer- oder Sojadrink verwendet werden.
2. Besonders cremig wird der Smoothie, wenn er in einem Hochleistungsmixer (Vitamix) püriert wird.

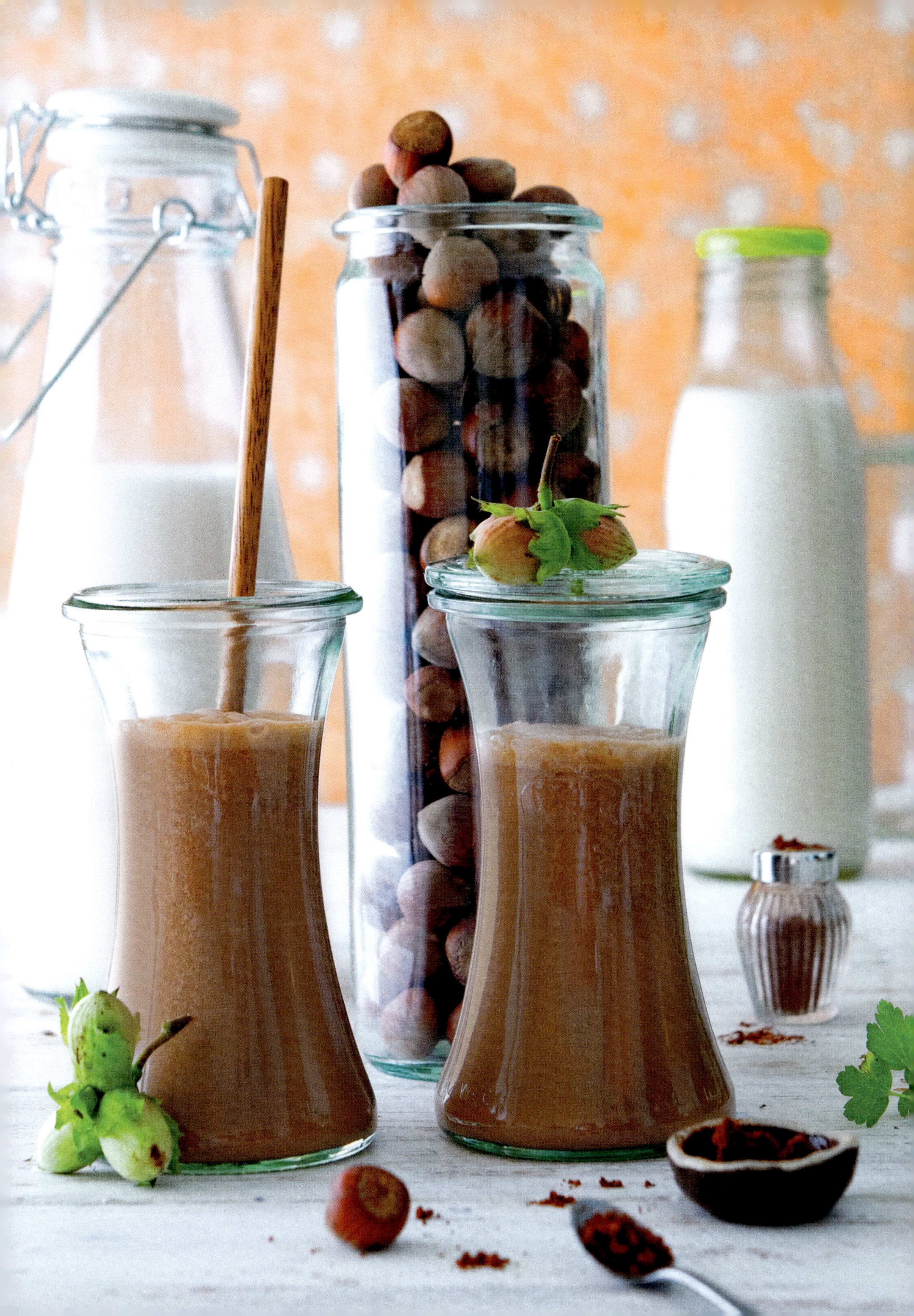

SCHWARZER JOHANNISBEER-SMOOTHIE

Vegan

Schwarze Johannisbeeren fristen in der Küche leider immer noch ein Schattendasein. Ihr herber Geschmack erfreut nicht jedermanns Gaumen. Aber mit süßen Datteln bekommen die schwarzen Beeren eine betörend weiche Note und machen diesen schnell gemixten Smoothie zu einem unvergesslichen Sommer-Drink.

ZUBEREITUNGSZEIT: 15 MINUTEN

FÜR 4 × 200 ML

Weck-Saftflaschen

100 g schwarze Johannisbeeren
100 g Medjool-Datteln
500 ml Reisdrink

ZUBEREITUNG

1. Johannisbeeren waschen und den Stielansatz entfernen.
2. Datteln entkernen und klein schneiden.
3. Johannisbeeren, Datteln und die Hälfte des Reisdrinks in einen Mixbecher geben und mit einem Pürierstab cremig-fein pürieren. Anschließend den restlichen Reisdrink unterpürieren. Sollte der Smoothie zu dick sein, noch Reisdrink zufügen.

INFO

1. Statt Reisdrink kann auch Hafer- oder Sojadrink verwendet werden.
2. Besonders cremig wird der Smoothie, wenn er in einem Hochleistungsmixer (Vitamix) püriert wird.
3. Die vegetarische Version wird mit Akazienhonig statt Datteln zubereitet.

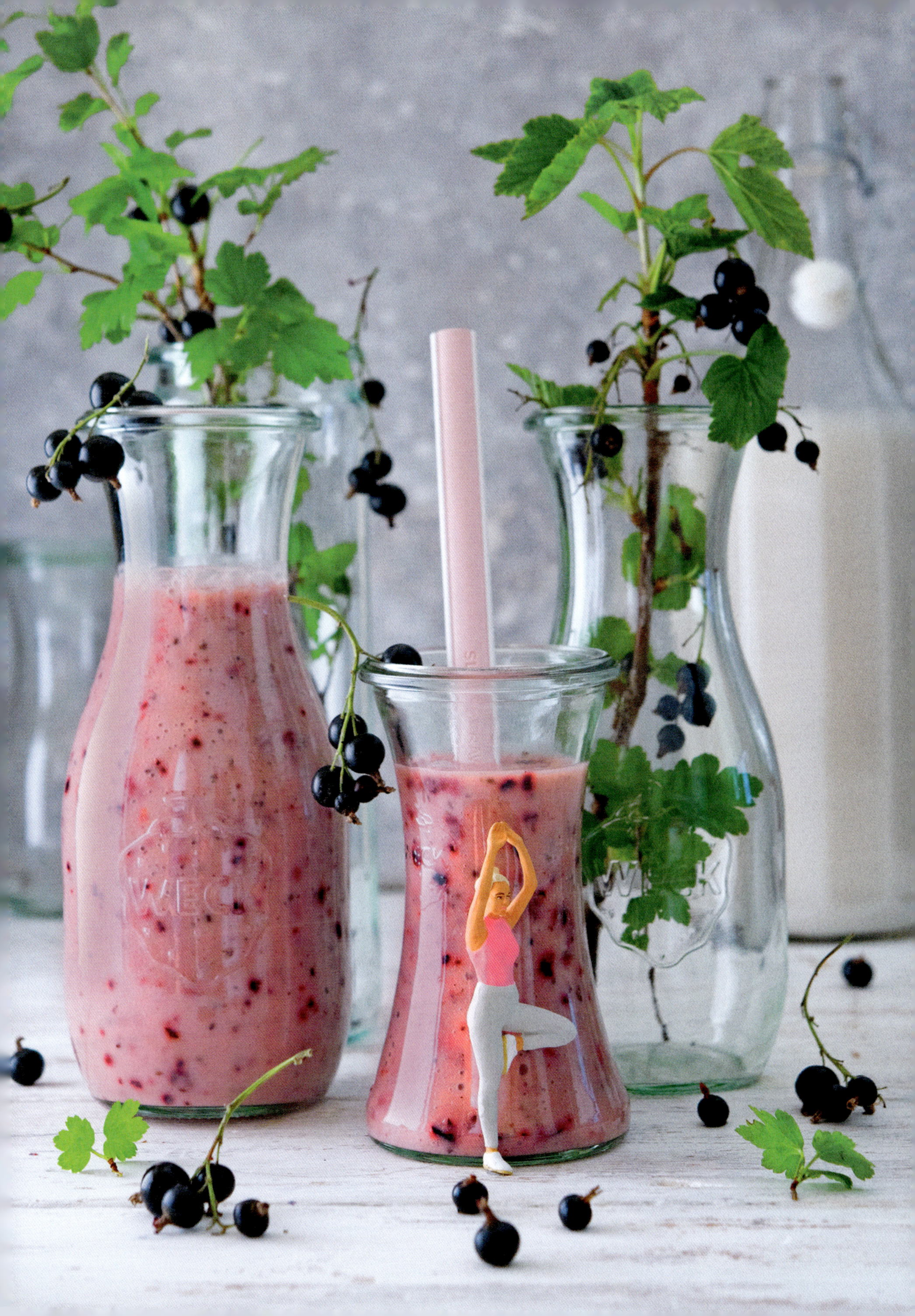

MAI-BOWLE

Vegan

Wer einmal Waldgeister und Waldmeister-Elfen zu Gesicht bekommen sollte und dabei einen leichten Schwips verspürt, der hat wahrscheinlich von dieser Mai-Bowle etwas zu viel getrunken. Und wer noch mehr sehen will, dem empfehle ich, ein weiteres Glas zu trinken. Aber Vorsicht: Die Wissenschaft sagt, dass ein Zuviel an Kumarin (das ist das Aroma, das im Waldmeister enthalten ist) bei empfindlichen Menschen gesundheitsschädlich wirken kann. Und zu viel Alkohol soll auch nicht gesund sein. Darum, wie bei fast allen Dingen. Die Dosis macht das Gift. Cheers.

ZUBEREITUNGSZEIT: **1 STUNDE** | TROCKENZEIT: **2–24 STUNDEN**

FÜR 7 PORTIONEN À 200 ML

Servieren im Weck-Rundglas 220 ml
Ansetzen im Weck-Rundglas 1750 ml

1 Bund Waldmeister
750 ml kalter trockener Weißwein
750 ml kalter Sekt oder Prosecco

ZUBEREITUNG

1. Den Waldmeister waschen und mit einem Küchentuch trockenschleudern. Anschließend antrocknen lassen (mindestens 2 Stunden, am besten über Nacht). Dann entwickelt sich das Aroma stärker.
2. Waldmeisterbund an den Stielen mit einer Schnur zusammenbinden. Den Bund mit der Schnur an einem Kochlöffel befestigen und diesen über ein großes Glas (Weck-Rundglas 1750 ml) legen, sodass der Waldmeisterbund im Glas baumelt.
3. Den Wein in das Glas schütten. Der Waldmeisterbund hängt nun im Wein. Dabei sollten die Stielenden nicht mit der Flüssigkeit in Kontakt kommen. Wird sonst bitter. Waldmeister im Weißwein 1 Stunde ziehen lassen. Am besten im Kühlschrank, damit der Wein kalt bleibt.
4. Waldmeister entfernen. Sekt oder Prosecco in das Glas gießen. Oder den Waldmeisterwein in Trinkgläser füllen und mit dem Sekt/Prosecco aufgießen. Die Gläser mit Zitronen- oder Limettenscheiben dekorieren.

INFO

1. Der Waldmeisterwein-Ansatz hält sich im Kühlschrank über Monate. Waldmeister-Bowle schmeckt auch an Silvester.
2. Wer es gern leicht süß mag, nimmt einen halbtrockenen oder lieblichen Weißwein.

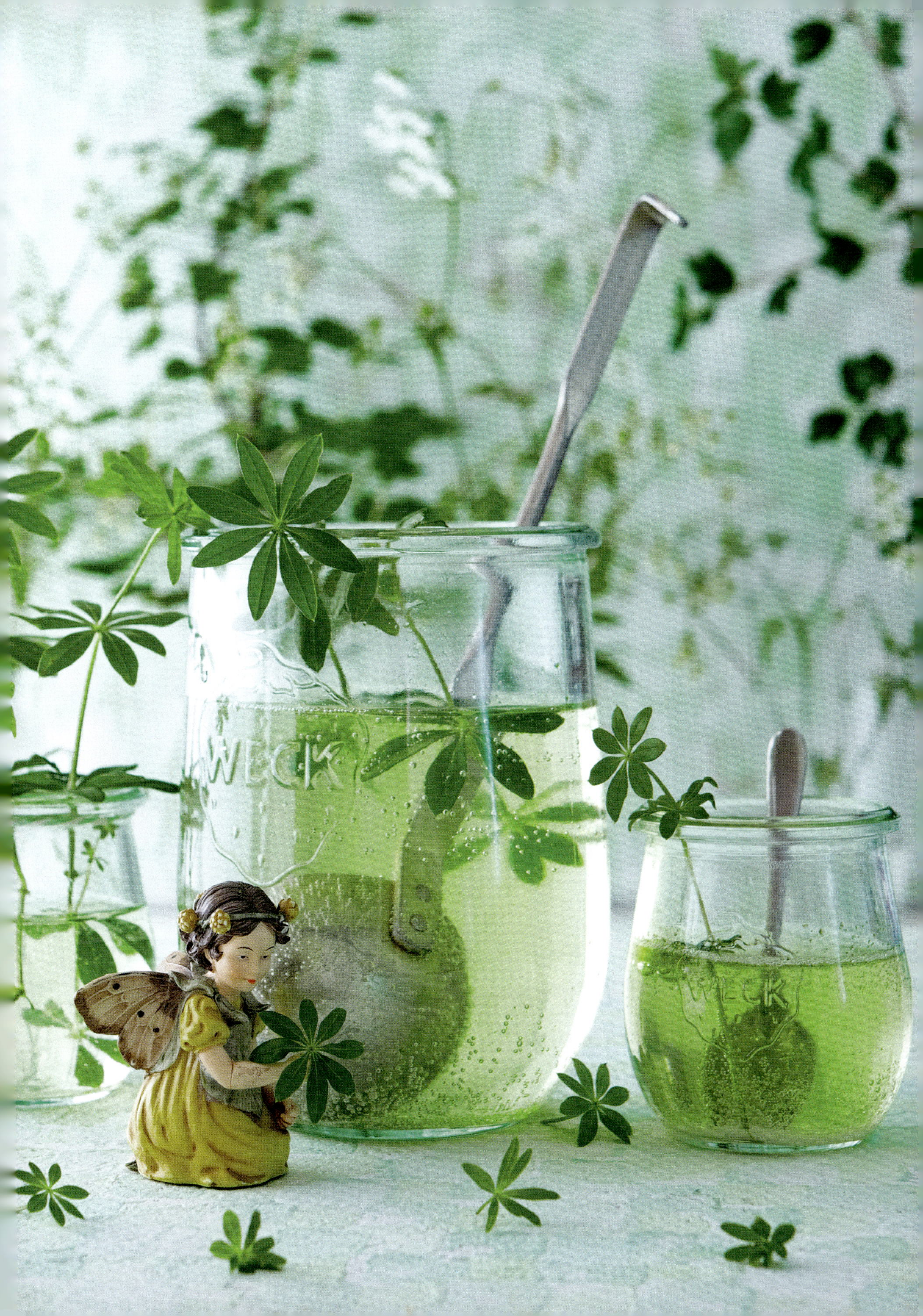
WECK

SWEET ICED KINDERKAFFEE

Vegan

Bitte einmal »Kinderkaffee on the Rocks«. Besonders im Sommer ein beliebter Nachmittags-Drink. Ohne Koffein und somit auch für Kiddies erlaubt. Kinderkaffee wird auch Muckefuck genannt und meint eine sächsische Bezeichnung für dünnen Kaffee oder Kaffeeersatz wie z. B. Getreidekaffee oder Malzkaffee. Getreidekaffee besteht zum Hauptteil aus Getreide, Zichorien, Feigen und Eicheln und ist in urbanen Städten längst kein Geheimtipp mehr. Der kreative Barista hat Getreidekaffee mit unterschiedlichen Geschmacksnoten im Repertoire. Kaffee-Glück für alle, die null Koffein zu sich nehmen möchten, aber trotzdem Kaffeegeschmack genießen wollen. Selbstverständlich mit Torte.

ZUBEREITUNGSZEIT: 10 MINUTEN

FÜR 4 PORTIONEN

4 Weck-Saftflaschen à 290 ml

4 Medjool-Datteln
4 geh. TL Instant-Getreidekaffee
800 ml Reisdrink
Eiswürfel
Trinkhalme

ZUBEREITUNG

1. Datteln entsteinen und fein hacken. Anschließend mit dem Getreidekaffee und 200 ml Reisdrink etwa 2 Minuten mit einem Pürierstab pürieren.
2. Den restlichen Reisdrink hinzufügen und noch einmal kurz pürieren.
3. Den Kaffee eiskalt mit Eiswürfeln und Trinkhalm in Gläsern oder kleinen Saftflaschen anrichten.

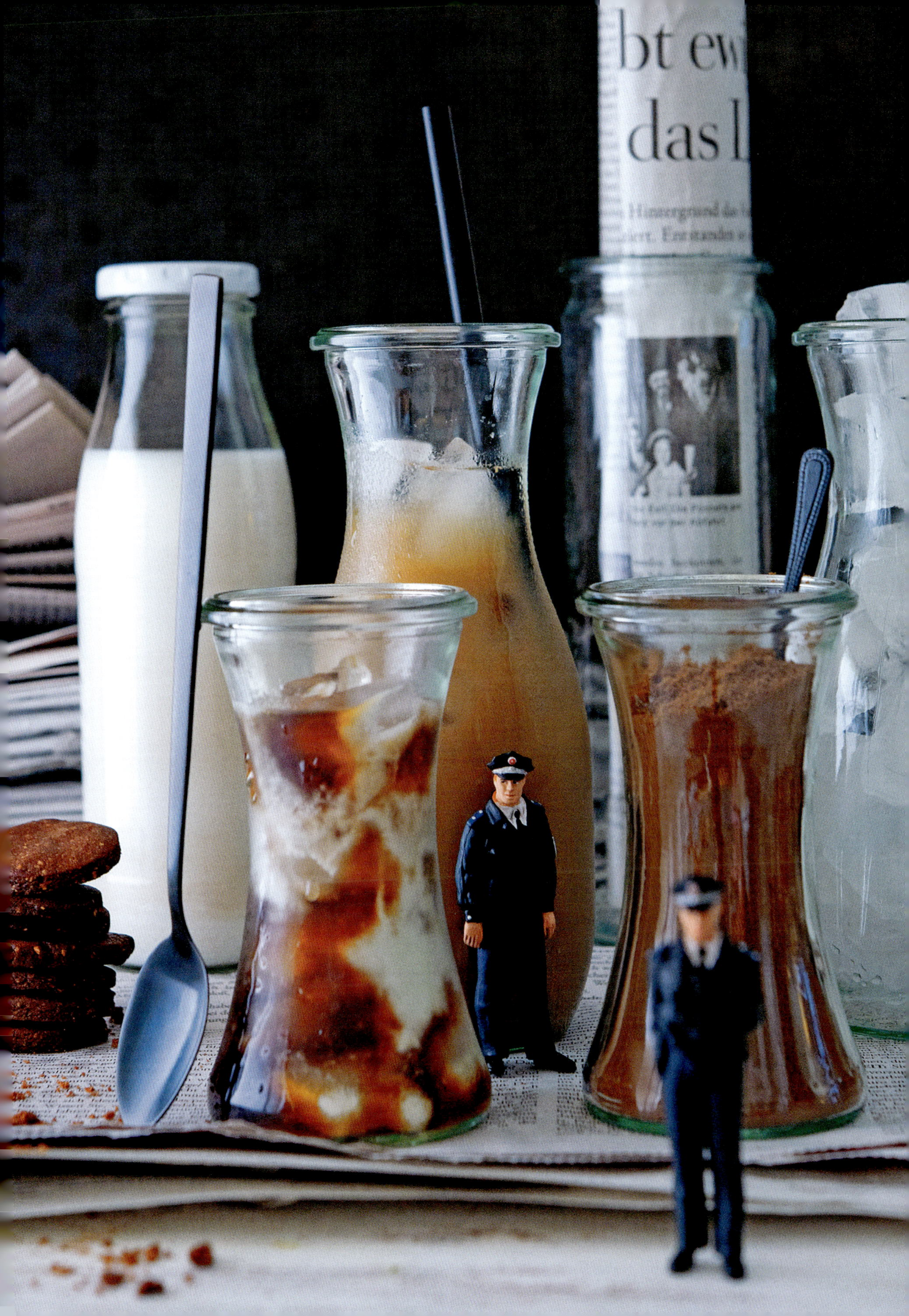
bt ew
das l

ANANAS-INGWER-SMOOTHIE

Vegan

Ein erfrischender Smoothie mit viel Vitamin C und einer zarten Ingwer-Limetten-Note. Leicht cremig und mit feinem Kokosnuss-Aroma. Schnell zubereitet.
Das perfekte Getränk für zu Hause und unterwegs. Genießen, Detoxen und gesundes Schlemmen nach dem Yoga, zum Frühstück oder zum Einfach-glücklich-Sein. Auch Kiddies mögen diesen alkoholfreien Drink. Und wer einen hochprozentigen Party-Cocktail braucht, mixt noch ein paar Shots Wodka hinzu.

ZUBEREITUNGSZEIT: **15 MINUTEN**

FÜR 4 × 200 ML

Weck-Saftflaschen

500 g vollreife süße Ananas
20 g frischer Ingwer
1 Limette
100 ml Kokosmilch
200 ml Reis- oder Haferdrink

ZUBEREITUNG

1. Ananas schälen, vierteln und den mittleren Strunk rausschneiden. Anschließend das Fruchtfleisch klein schneiden und in einen Pürierbecher geben. An die Seite stellen.
2. Ingwer schälen und fein reiben. Von der Limette die Schale abreiben. Geriebenen Ingwer und Limettenabrieb zur Ananas geben und mit einem Pürierstab fein pürieren. Kokosmilch und Reisdrink dazugeben und cremig pürieren.

INFO

Wer es gerne süßer mag, püriert noch fein geschnittene Medjool-Datteln oder Honig unter den Smoothie.

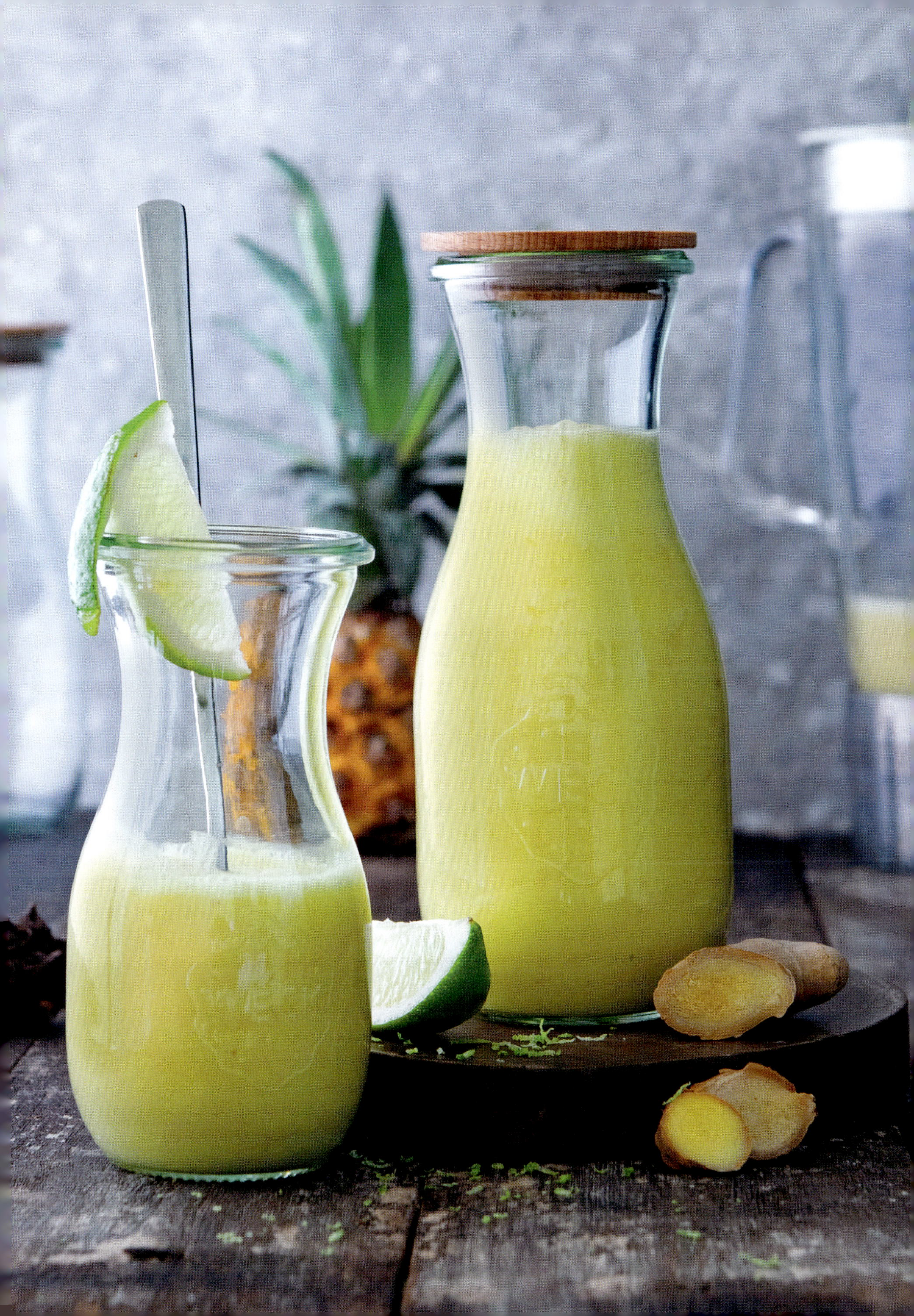

KONG-COLA

Vegetarisch, vollwertig

Kinder lieben Cola und Erwachsene ebenso. Leider ist sie oft zu süß und keiner weiß so richtig, welche Inhaltsstoffe enthalten sind. Zeit für eine homemade Cola. Meine Kreation heißt Kong-Cola. Fix hergestellt und die Süße kann jeder selbst bestimmen.

ZUBEREITUNGSZEIT: 30 MINUTEN PLUS 20 MINUTEN KOCHZEIT

FÜR 25 GLÄSER À CA. 200 ML

1 Orange
1 Zitrone
1 Limette
1 Zimtstange (Stück von 3 cm)
2 Msp. gemahlener Muskat
½ Sternanis
2 geh. TL frisch geriebener Ingwer
2 Msp. gemahlene Vanille
2 geh. TL Colakraut (Eberraute), frisch oder getrocknet
200 g Akazienhonig

ZUBEREITUNG

1. Die Orange, Zitrone und Limette waschen, trockentupfen und die Schale abreiben. In einen Topf 400 ml Wasser füllen. Die Orangenschale, Zitronenschale, Limettenschale, Zimt, Muskat, Sternanis, Ingwer, Vanille und Colakraut zufügen, aufkochen und im geschlossenen Topf bei kleiner Hitze 20 Minuten köcheln lassen. Anschließend den Sud durch ein Sieb gießen. Anschließend nochmals durch ein mit Küchenpapier ausgelegtes Sieb gießen und gut ausdrücken.

2. Honig in einem Topf aufkochen, braun karamellisieren und etwas abkühlen lassen. Den Sud hinzufügen, einmal aufkochen und das Konzentrat abkühlen lassen.

3. In ein Glas (etwa 200 ml) 2–3 EL Cola-Konzentrat geben und mit kaltem Sprudelwasser auffüllen. Evtl. Eiswürfel und Zitronenscheiben hinzufügen.

INFO

Das Konzentrat hält sich im Kühlschrank etwa 3 Monate.

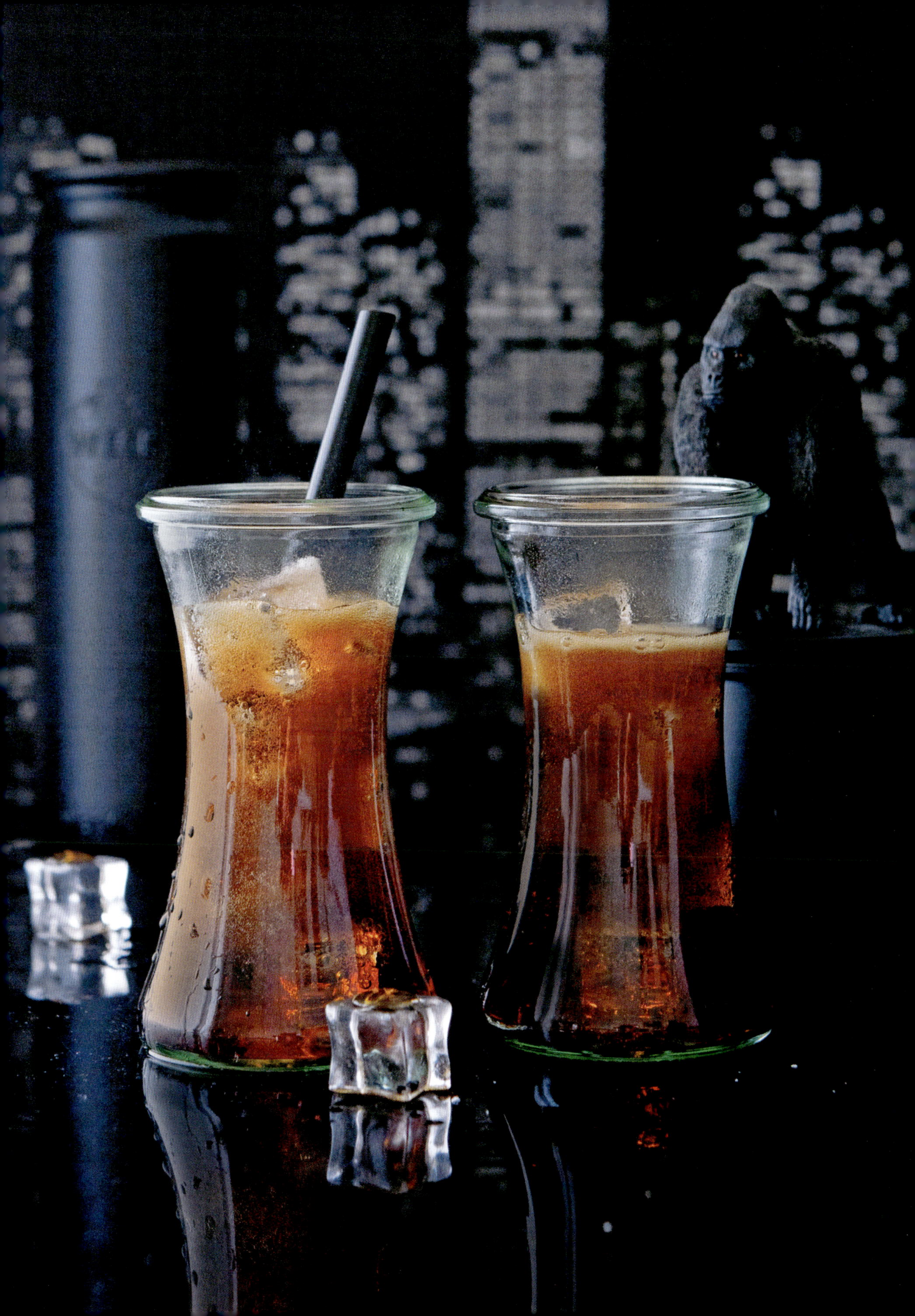

BROT

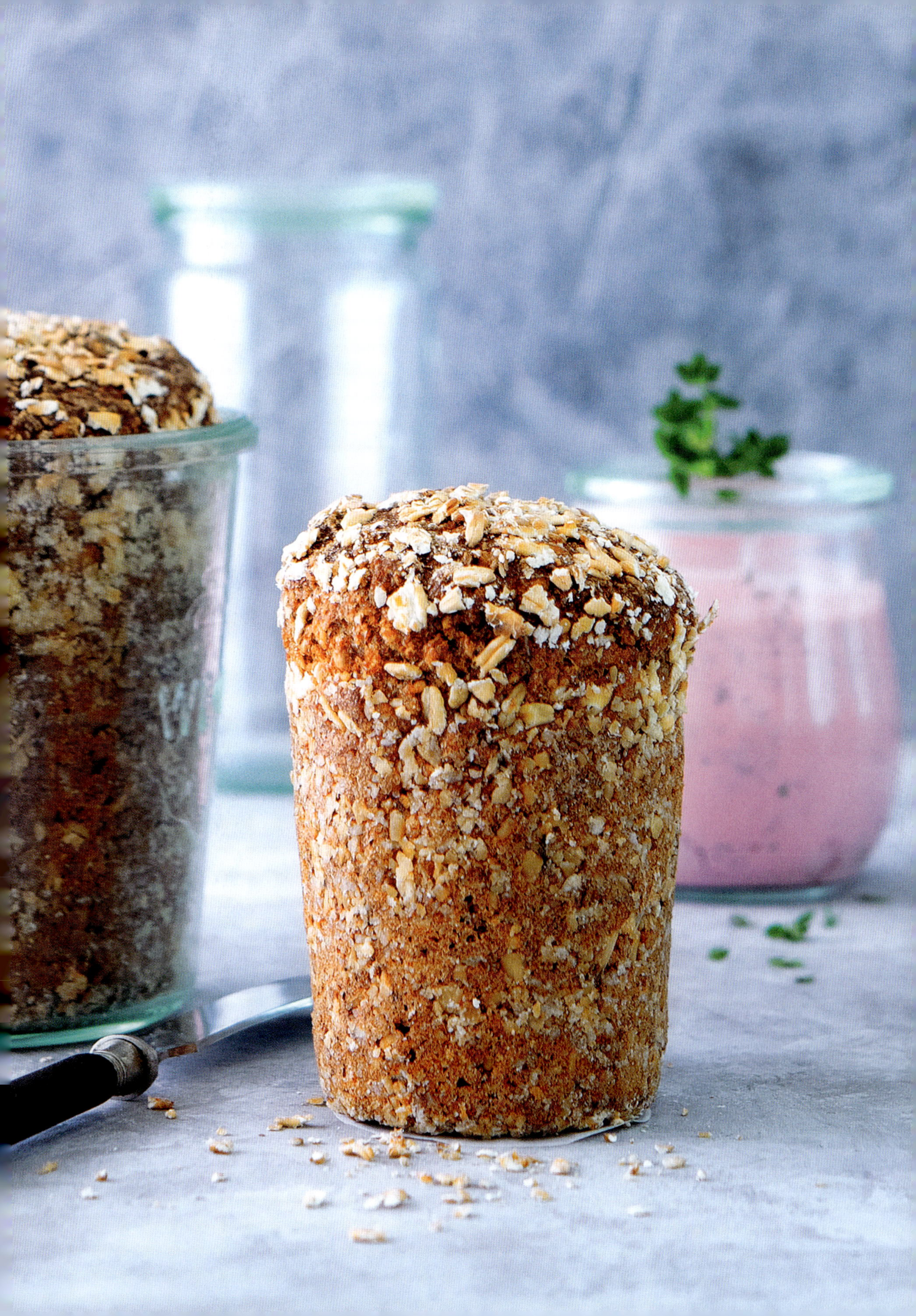

MINI-FLADENBROTE

Vegan, vollwertig

Diese Mini-Fladenbrote eignen sich hervorragend für to go, weil sie passgenau für das Weck-Glas gebacken worden sind. Wie in einer Brotbox werden die fertig belegten Fladenbrote im Weck-Glas eingepackt und können so sicher transportiert werden. Alternativ zum Glas können die Minis aber auch auf einem mit Backpapier ausgelegten Backblech gebacken werden.

ZUBEREITUNGSZEIT: 60 MINUTEN | RUHEZEIT: 16 STUNDEN

FÜR 9 STÜCK

- Im Weck-Gourmetglas 300 ml
- Alternativ: ohne Glas auf einem Backblech backen

4 g frische Hefe
200 ml Wasser*
250 g Dinkel-Vollkornmehl plus etwas mehr zum Bearbeiten
7 g Salz (1 geh. TL)
2 EL Sesam für das Topping
Olivenöl zum Ausstreichen der Gläser

*Wer statt Vollkornmehl z. B. ein 630er-Dinkelmehl verwenden möchte, reduziert die Wassermenge um 20 ml.

ZUBEREITUNG

1. Hefe in 50 ml lauwarmem Wasser auflösen. Mehl und Salz in einer Schüssel vermischen. Das Hefewasser und das restliche Wasser (130 ml) dazugeben. Mit einem Löffel gut vermischen. Den Teig in eine Schüssel geben, abdecken und 1 Stunde bei Zimmertemperatur angehen lassen. Danach die abgedeckte Schüssel in den Kühlschrank stellen und über Nacht (etwa 12 Stunden) gehen lassen.

2. Tags darauf den Teig aus der Kühlung nehmen, in der Schüssel weitere 2 Stunden bei Zimmertemperatur gehen lassen.

3. Danach den Teig mit den Händen dehnen und falten. Den Teig 30 Minuten ruhen lassen. Anschließend noch zwei Mal dehnen und falten. Dazwischen jeweils 30 Minuten bei Zimmertemperatur ruhen lassen.

4. Nach dem letzten Dehnen und Falten den Teig auf eine mit Mehl bestaubte Arbeitsfläche setzen. Den Teig in 50-g-Portionen aufteilen. Diese mit bemehlten Fingern zu Kugeln formen.

5. Die Kugeln auf der bemehlten Arbeitsfläche mit einem Nudelholz auf die Bodengröße (8 cm) vom Weck-Glas ausrollen.

6. Weck-Gläser mit Olivenöl einpinseln und die Teigstücke einlegen. Die Oberfläche leicht mit Olivenöl einpinseln und mit Sesam bestreuen. Oder ohne Öl mit Mehl bestreuen. Die Gläser mit dem passenden Deckel abdecken und 30–60 Minuten bei Zimmertemperatur gehen lassen. Die Gläser auf ein Backblech stellen. In der Zwischenzeit den Backofen auf 240 °C Ober-/Unterhitze vorheizen.

7. Zum Backen den Deckel entfernen und mit einem geölten Kochlöffelstiel tiefe Mulden in die Teigoberfläche drücken.

8. Das Blech mit den Gläsern auf der untersten Schiene in den vorgeheizten Backofen schieben und etwa 10 Minuten backen. Nach dem Backen die Fladenbrote noch 5 Minuten in der Form lassen. Anschließend zum Abkühlen auf ein Backgitter legen.

INFO

Dehnen und Falten des Teiges: In einer Schüssel den Teig von unten nach oben ziehen und über den übrigen Teig legen. Diesen Vorgang von jeder Seite mehrfach wiederholen. Das Volumen nimmt zu und der Teig gewinnt an Stabilität. Im Internet gibt es zum Vorgang »Dehnen und Falten« auch viele Videos.

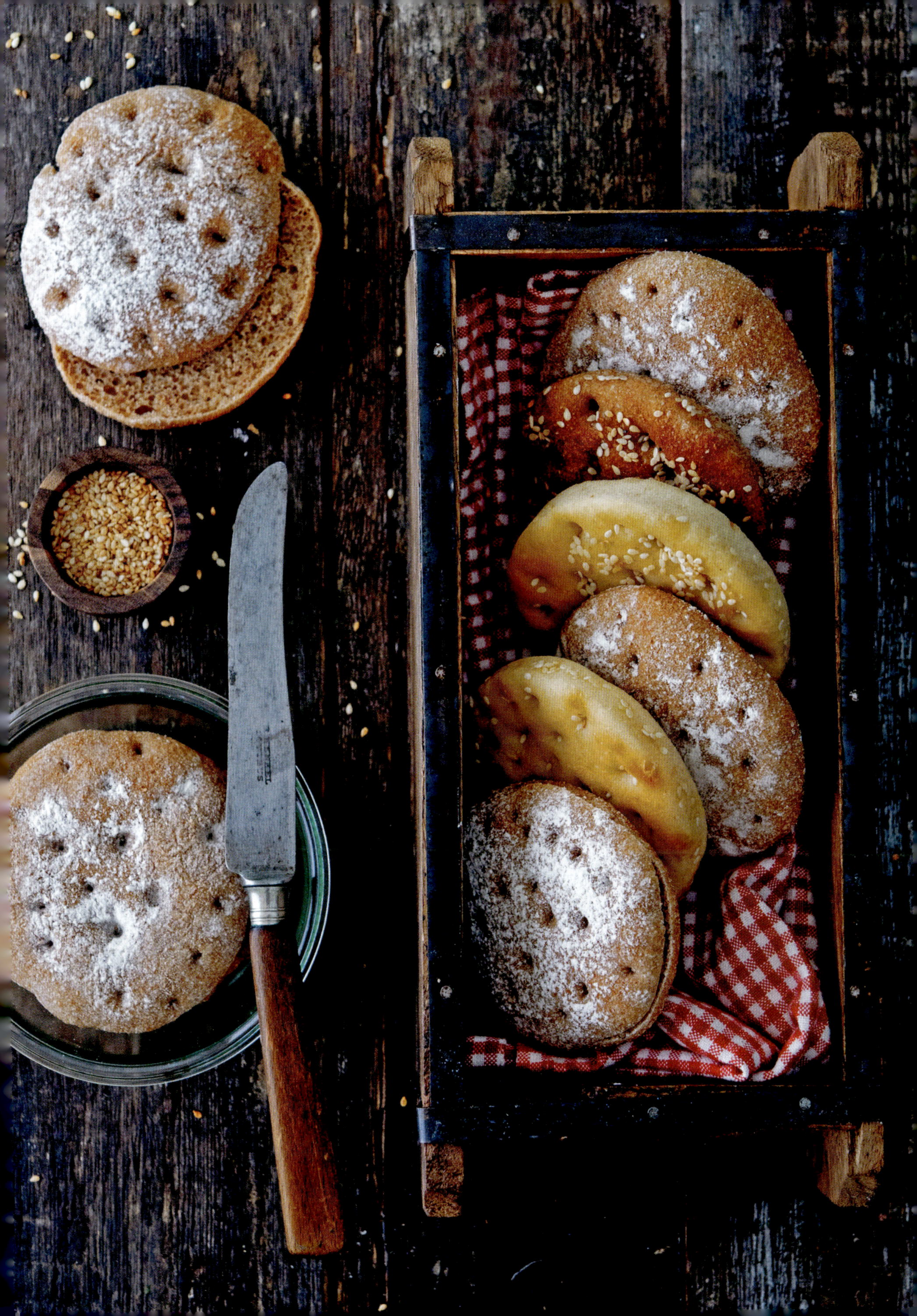

ROSINENSTUTEN

Vegetarisch

Gut Ding braucht Weile. Das hat sich auch diese Köstlichkeit ganz oben auf die Fahne geschrieben. Dabei sind die einzelnen Arbeitsschritte schnell gemacht. Einzig die Reifezeiten dauern etwas länger. In dieser Zeit kann man aber den gesamten Haushalt wuppen, ein Buch lesen oder entspannt den Tag genießen. Ich empfehle, am 1. Tag abends die Rosinen einzuweichen. Am 2. Tag zwischen 12 und 16 Uhr den Teig zu starten. Über Nacht kommt der Teig dann für 8–12 Stunden in den Kühlschrank. Am 3. Tag einfach nur noch in den Ofen schieben und anschließend den ofenwarmen Rosinenstuten auf den Frühstückstisch stellen.

ZUBEREITUNGSZEIT: 90 MINUTEN | **BACKZEIT:** 1 STUNDE | **GEHZEIT:** 22 STUNDEN

FÜR 4 KLEINE STUTEN IM WECK-STURZGLAS 580 ML

Alternativ
Die gesamte Teigrolle passt in eine gebutterte Kastenform von 20 × 11 cm. Backzeit und Temperatur ändern sich dabei nicht.

Quellstück
200 g Rosinen
60 g Apfelsaft

Vorteig
120 ml Milch, Zimmertemperatur
100 ml lauwarmes Wasser
400 g Weizenmehl Type 550, Zimmertemperatur plus etwas mehr zum Bearbeiten
1 kleines Ei (40 g)

Hauptteig
Vorteig
10 g frische Hefe
60 g zimmerwarme Butter
7 g Salz
50 g fester milder Honig
Quellstück
1 geh. EL Mehl

1 EL Butter zum Einfetten der Gläser

ZUBEREITUNG
FÜR DAS QUELLSTÜCK

In einer großen Schüssel die Rosinen und den Apfelsaft vermischen. Abdecken und bei Zimmertemperatur 8–12 Stunden quellen lassen. Ab und zu umrühren.

FÜR DEN VORTEIG

In einer Schüssel Milch und Wasser verrühren. Mehl und Ei hinzufügen. Mit einem Knethaken etwa 2 Minuten zu einem glatten Teig verarbeiten. Abdecken und bei Zimmertemperatur 1 Stunde gehen lassen.

FÜR DEN HAUPTTEIG

1. In einer Schüssel den Vorteig, Hefe, Butter, Salz und Honig mit einem Knethaken 2 Minuten zu einem homogenen Teig kneten.
2. Anschließend die Rosinen mit 1 EL Mehl vermengen und mit den Knethaken unter den Teig arbeiten. Abdecken und bei Zimmertemperatur 3 Stunden gehen lassen. Nach 1 Stunde und nach 2 Stunden den Teig dehnen und falten (siehe Info 2 unten).
3. Nach 3 Stunden den Teig auf einer bemehlten Arbeitsfläche rund wirken und mit einer Schüssel abdecken. 15 Minuten ruhen lassen. In dieser Zeit vier Weck-Sturzgläser à 580 ml mit cremiger Butter auspinseln.
4. Teig auf einer bemehlten Arbeitsfläche mit dem Rollholz etwa 40 cm lang ausrollen. Den Teig von den beiden langen Seiten her zur Mitte einschlagen. Danach von unten nach oben straff aufrollen. Die Rolle in vier gleich große Stücke schneiden und in die gebutterten Weck-Gläser legen. Die Gläser mit dem Deckel

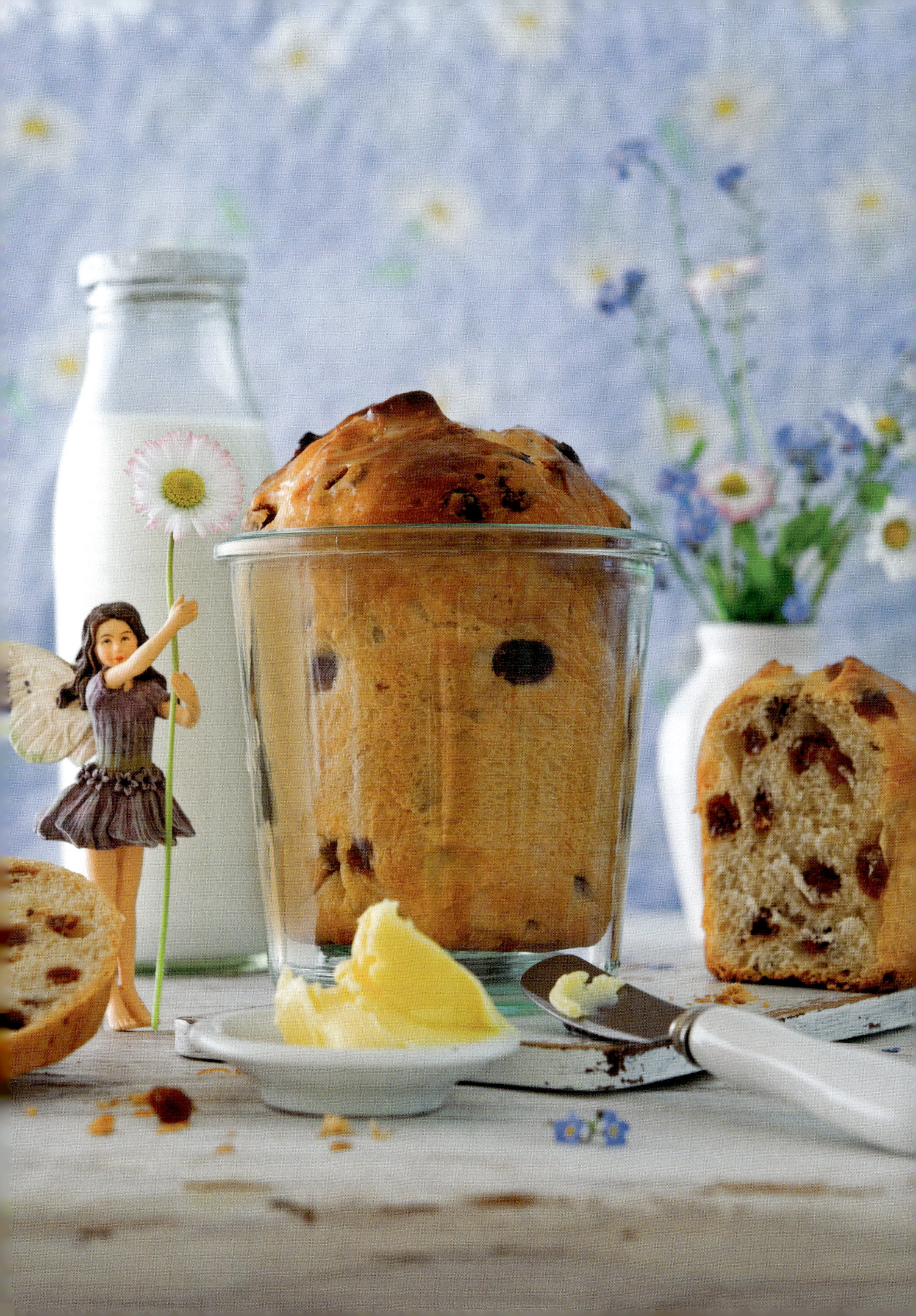

verschließen und bei Zimmertemperatur 2 Stunden gehen lassen. Das Volumen sollte sich etwa um die Hälfte vergrößert haben.
5. Die abgedeckten Gläser 8–12 Stunden in den Kühlschrank (bei 6–7 °C) stellen.
6. Am nächsten Tag den Backofen auf 230 °C Ober-/Unterhitze vorheizen. Während dieser Zeit die Gläser aus dem Kühlschrank holen und mit einem scharfen Messer die Teigoberfläche kreuzförmig einritzen.
7. Gläser ohne Deckel in den Backofen stellen und mit einem Stück Backpapier abdecken. Die Temperatur auf 170 °C reduzieren und den Stuten im vorgeheizten Backofen etwa 50 Minuten backen.
8. Nach dem Backen den Rosinenstuten 10 Minuten abkühlen lassen und dann aus dem Glas stürzen. Auf einem Gitterrost vollständig auskühlen lassen.

INFO

1. Wer den Stuten in einem geschlossenen Weck-Glas verschenken möchte, teilt den Teig in fünf gleich große Stücke auf und backt den Stuten in 5 Weck-Sturzgläsern à 580 ml.
2. Beim Dehnen und Falten wird der Teig fünf bis sechs Mal mit der Hand von einer Seite des Teiges über den gesamten Teig gezogen. Dadurch bekommt der Teig mehr Festigkeit. (Am besten im Internet unter »Dehnen und Falten« ein Video anschauen.)

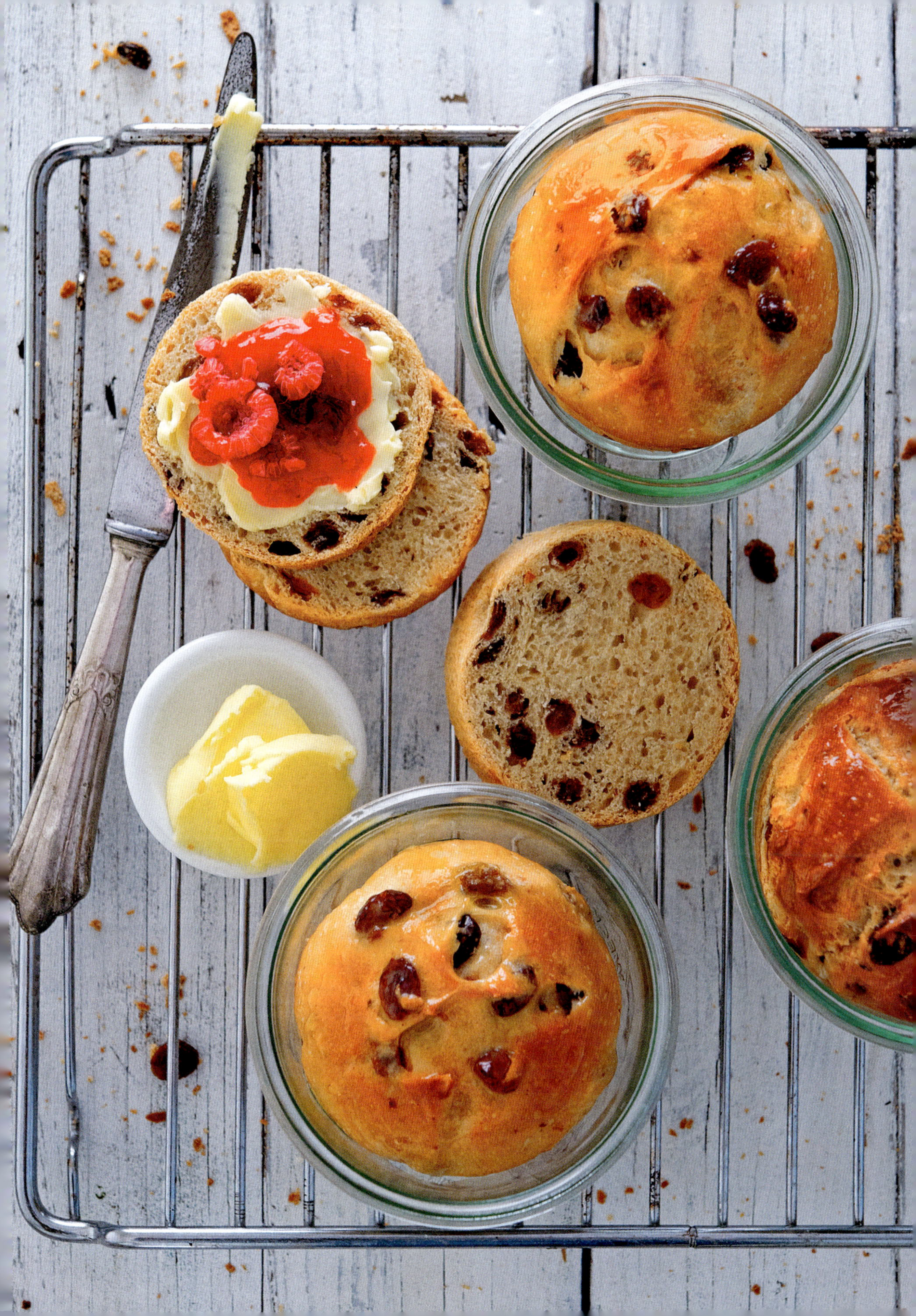

VOLLKORNBROT MIT SAATEN

Vegetarisch, vegan, vollwertig

Ein klassisches Vollkornbrot mit Kürbiskernen, Sesam und Sonnenblumenkernen. Schmeckt nicht nur mit deftigem Belag, sondern auch mit Marmelade als gesundes Frühstücksbrot.

ZUBEREITUNGSZEIT: 2 STUNDEN | **BACKZEIT:** 1 STUNDE | **GEHZEIT:** 14 STUNDEN

4 KLEINE BROTE IM WECK-GLAS

Sturzglas 580 ml

Alternativ den gesamten Teig in einer mit Backpapier ausgelegten 30-cm-Kastenform backen oder in einer runden 24-cm-Springform.

Sauerteig
270 ml Wasser (50 °C)
6 g Salz
125 g Weizen-Vollkornmehl
125 g Roggen-Vollkornmehl
50 g Anstellgut, siehe Seite 64

Hauptteig
200 ml Wasser (100 °C)
10 g Salz
1 TL Honig oder eine fein pürierte Medjool-Dattel
125 g geschrotetes Roggen-Vollkornmehl
125 g geschrotetes Dinkel-Vollkornmehl
25 g Kürbiskerne
25 g Sonnenblumenkerne
50 g Sesam
1 TL grob gemahlene Anis-Saat
gesamter Sauerteig (wie oben beschrieben)

2 EL Olivenöl zum Einfetten der Gläser
50 g Haferflocken (Feinblatt)
2 EL Sesamsaat für die Oberfläche

ZUBEREITUNG
FÜR DEN SAUERTEIG

1. Wasser und Salz in eine Schüssel geben. Das Mehl darüberstreuen. Das Anstellgut vorsichtig auf das Mehl geben. Nun alle Zutaten mit einem Löffel zu einem glatten Teig vermengen.
2. Die Schüssel abdecken. Bei Raumtemperatur (etwa 22 °C) 12 Stunden reifen lassen. Der Sauerteig sollte sich in dieser Zeit ungefähr verdoppeln.

FÜR DEN HAUPTTEIG:

1. Das kochende Wasser in eine Schüssel geben. Salz und Honig bzw. Dattel dazugeben. Das Mehl darüberstreuen. Kürbiskerne, Sonnenblumenkerne, Sesam und Anis-Saat hinzufügen. Zum Schluss den Sauerteig. Nun alle Zutaten mit einem Kochlöffel zu einem glatten Teig vermengen.
2. Den Teig abgedeckt 60 Minuten bei Raumtemperatur ruhen lassen. In der Zwischenzeit die Gläser mit Olivenöl einpinseln und mit den Haferflocken ausstreuen.
3. Den Teig auf die vier Gläser (etwa 280 g pro Glas) verteilen. Mit einem nassen Esslöffel die Oberfläche glatt streichen. Mit Sesam bestreuen und diesen mit einem trockenen Esslöffel leicht andrücken. Die Gläser mit einem Deckel verschließen. Bei Zimmertemperatur 60 Minuten gehen lassen, bis der Teig sich verdoppelt hat. In der Zwischenzeit den Backofen auf 240 °C Ober-/Unterhitze vorheizen.
4. Die Gläser auf ein Backblech stellen und die Deckel entfernen. Vorsichtig das Backblech mit den Gläsern in den Ofen schieben. Nach 10 Minuten die Temperatur auf 180 °C reduzieren und weitere 50 Minuten backen. Nach dem Backen die Brote 10 Minuten im Glas abkühlen lassen. Anschließend aus den Gläsern stürzen und auf einem Gitterrost komplett auskühlen lassen.

INFO

Das Brot kann in den Gläsern gelagert werden. Mit einem Deckel und Klammern verschlossen ist es ein schönes Geschenk für deine Freunde.

PARTY-BUNS

Vegetarisch

Buns sind weiche, runde Brötchen, die sich ideal zur Herstellung von Hamburgern eignen. Super auch als Beilage auf dem Party-Büfett oder zum Frühstück mit Butter und Marmelade.

ZUBEREITUNGSZEIT: 90 MINUTEN | **BACKZEIT:** 30 MINUTEN

FÜR 10 STÜCK

Weck-Sturzglas 200 ml
Alternativ ohne Form auf einem Blech backen. Siehe Info 2 unten.

21 g frische Hefe (½ Würfel)
2 geh. TL Akazienhonig
275 ml lauwarme Milch
550 g Mehl Type 405 plus etwas mehr zum Bearbeiten
1 geh. TL Salz
1 Ei, Zimmertemperatur
35 g weiche Butter
2 EL Olivenöl zum Einpinseln der Weck-Gläser
1 EL Sesamsaat oder Mohnsamen zum Bestreuen

ZUBEREITUNG

1. Die Hefe und den Honig in der lauwarmen Milch auflösen.
2. Mehl und Salz in eine Schüssel geben und miteinander vermengen. Das Ei, die Hefe-Milch-Mischung und die Butter hinzufügen. Mit einem Handrührgerät (Knethaken) in etwa 3 Minuten zu einem geschmeidigen Teig verarbeiten.
3. Den Teig zu einer Kugel formen und in eine mit Mehl bestaubte Schüssel legen. Abdecken und bei Zimmertemperatur 30–60 Minuten gehen lassen. Er soll sein Volumen verdoppeln. In der Zwischenzeit die Weck-Gläser mit Olivenöl einpinseln und auf ein Backblech stellen.
4. Den Teig nochmals 2 Minuten kneten und anschließend in 100-g-Stücke teilen. Die Teigstücke mit der Hand zu Kugeln formen und in die geölten Weck-Gläser legen. Die Teigoberfläche leicht mit Wasser einpinseln. Nach Wunsch mit Sesam oder Mohn bestreuen. Die Gläser mit einem Küchentuch abdecken und etwa 30 Minuten an einem warmen Ort gehen lassen. Die Teiglinge sollen ihr Volumen um etwa ein Drittel vergrößern.
5. Das Blech mit den Gläsern in einen auf 180 °C vorgeheizten Ofen (mittlere Schiene) schieben und 15–20 Minuten backen. Anschließend 15 Minuten abkühlen lassen. Mit einem Messer an der Glasinnenwand entlangziehen und die Buns zum vollständigen Abkühlen auf ein Gitter stellen.

INFO

1. Die Buns lassen sich wunderbar einfrieren.
2. Statt die Buns in Gläsern zu backen, werden die 100-g-Teiglinge leicht mit einem Nudelholz auf 10 cm Durchmesser ausgerollt. Die Teiglinge auf ein mit Backpapier ausgelegtes Blech setzen. Die Oberfläche leicht mit Wasser bestreichen. Mit Sesam oder Mohn bestreuen. Abdecken und etwa 30 Minuten an einem warmen Ort gehen lassen. Die Teiglinge sollten ihr Volumen um etwa ein Drittel vergrößern. Das Blech in einen auf 180 °C vorgeheizten Ofen (mittlere Schiene) schieben und 15–20 Minuten backen.

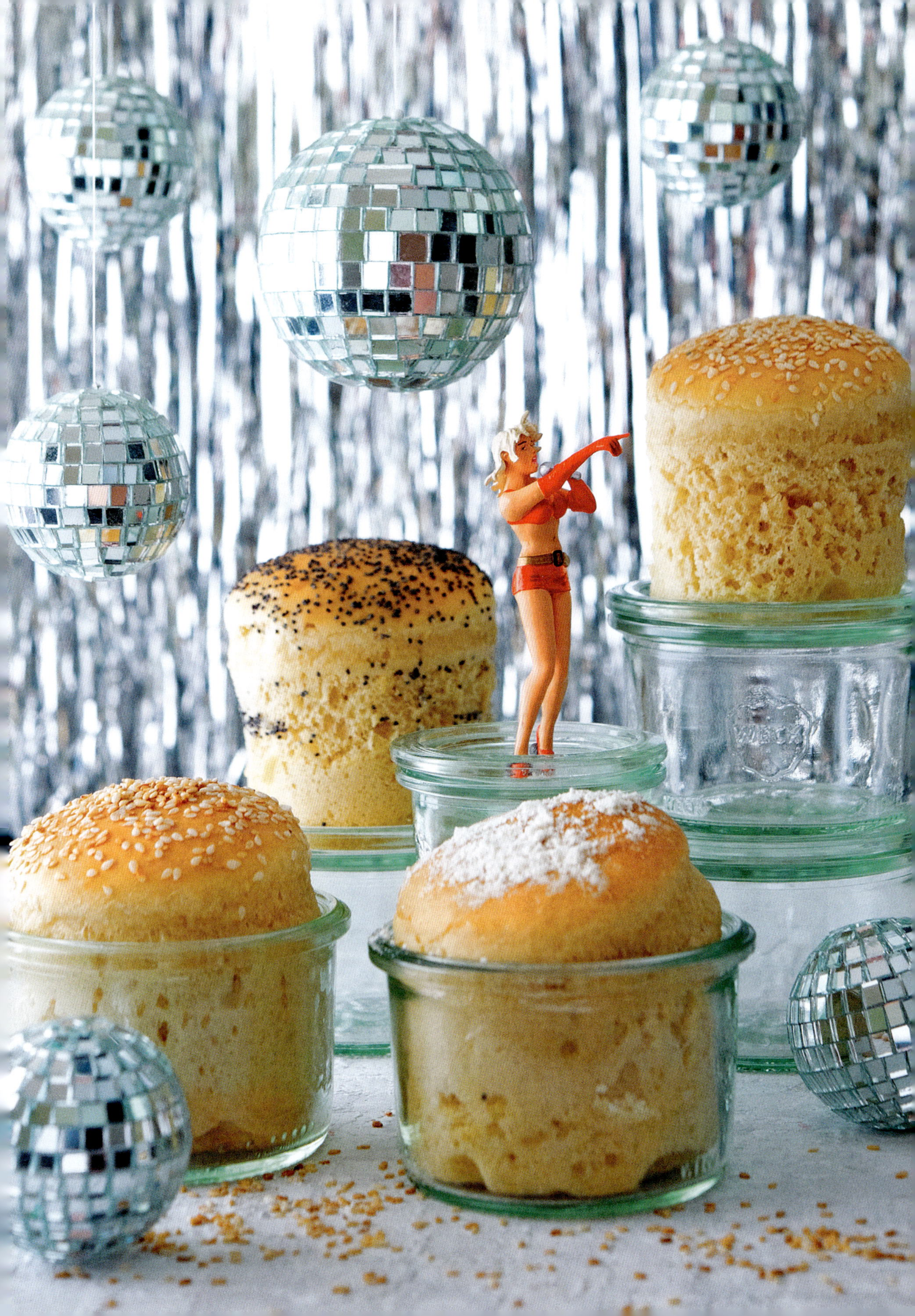

ROGGEN-DINKEL-BROT

Vegetarisch, vegan, vollwertig

Die heißeste Backstube der Stadt backt ihr Brot im Weck-Glas. Rund, aromatisch und vollwertig.

ZUBEREITUNGSZEIT: 12 STUNDEN VORLAUFZEIT | **BACKZEIT:** 1 STUNDE

FÜR 5 KLEINE BROTE IM WECK-GLAS

Weck-Quadro-Glas 545 ml oder runde Sturzgläser 580 ml

Alternativ den gesamten Teig in einer mit Backpapier ausgelegten 30-cm-Backform backen.

Sauerteig
300 ml Wasser (50 °C)
8 g Salz
270 g Roggen-Vollkornmehl
60 g Anstellgut, siehe Seite 64

Hauptteig
160 ml Wasser (100 °C)
10 g Salz
1 TL gemahlener Kümmel
25 g Honig oder eine fein pürierte Medjool-Dattel
150 g Roggen-Vollkornmehl plus etwas mehr zum Bearbeiten
150 g Dinkel-Vollkornmehl
gesamter Sauerteig (wie oben beschrieben)
Olivenöl zum Einpinseln der Gläser

ZUBEREITUNG

1. **Für den Sauerteig:** Wasser und Salz in eine Schüssel geben. Das Mehl darüberstreuen. Das Anstellgut vorsichtig auf das Mehl geben. Nun alle Zutaten mit einem stabilen Löffel zu einem glatten Teig vermischen.
2. Den Teig in der Schüssel lassen und abdecken. Bei Raumtemperatur (etwa 20 °C) 12 Stunden reifen lassen. Der Sauerteig sollte sich in dieser Zeit ungefähr verdoppeln.
3. **Für den Hauptteig:** Das kochende Wasser in eine Schüssel geben. Salz, Kümmel und Honig dazugeben. Das Mehl darüberstreuen und zum Schluss den Sauerteig. Nun alle Zutaten mit einem Kochlöffel zu einem glatten Teig vermengen.
4. Den Teig abgedeckt 30 Minuten bei Raumtemperatur ruhen lassen.
5. In der Zwischenzeit die Gläser mit Olivenöl einpinseln.
6. Den Teig auf einer bemehlten Arbeitsfläche zu einer Rolle von 30 × 5 cm formen. Nicht kneten! Anschließend in fünf gleich große Stücke teilen. Die Teiglinge in die geölten Gläser legen. Deckel auflegen und bei Zimmertemperatur 60 Minuten gehen lassen. Den Backofen auf 240 °C Ober-/Unterhitze vorheizen.
7. Die Deckel abnehmen und die Gläser in den vorgeheizten Backofen stellen. Die Temperatur nach 10 Minuten auf 180 °C reduzieren und weitere 40 Minuten backen. Nach dem Backen die Brote 10 Minuten im Glas abkühlen lassen. Anschließend aus den Gläsern stürzen und auf einem Gitterrost vollständig auskühlen lassen.

INFO

Das Brot kann in den Gläsern gelagert werden. Mit einem Deckel und Klammern verschlossen ein schönes Geschenk für deine Freunde.

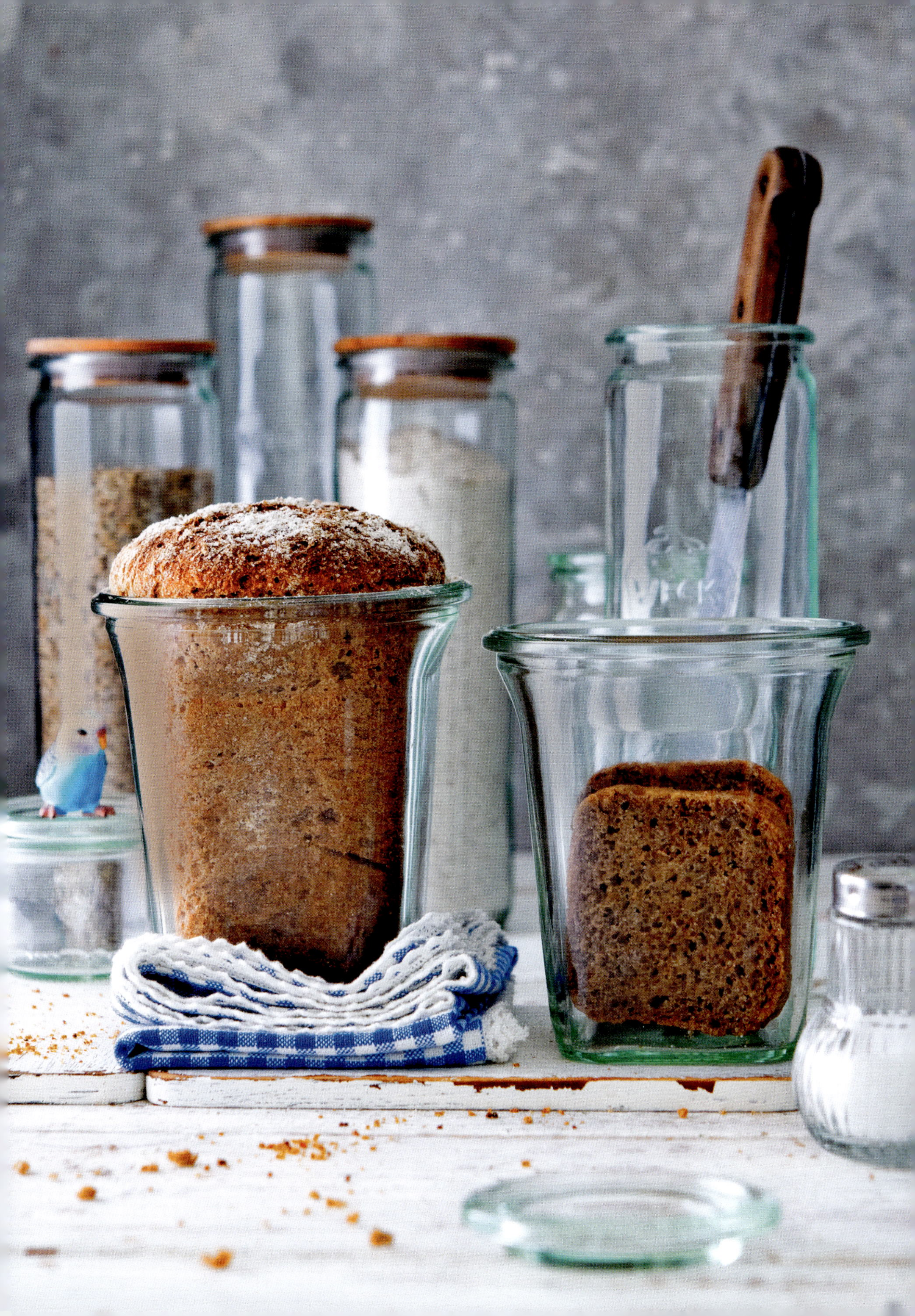

KAMUT-BUTTER-TOASTBROT

Kamut-Butter-Toastbrot

Die britische Königin Elisabeth II. hatte für Notfälle immer eine Scheibe Toastbrot in ihrer Handtasche. Wahrscheinlich aber kein Vollkorntoast. Dafür sind wir Deutschen eher bekannt. Vollkorntoast ist zwar nicht so schneeweiß wie die britische Version, aber dafür ist er gesünder und aromatischer. God save the Queen! Das hierfür verwendete Getreide Kamut oder auch Khorasan-Weizen gehört zur Hartweizen-Familie. Kamut hat eine gelbe Farbe und schmeckt leicht nussig. Erhältlich im Bioladen oder im Internet.

ZUBEREITUNGSZEIT: 4–5 STUNDEN

FÜR 5 TOASTBROTE À 160 G IM WECK-QUADRO-GLAS 545 ML

Alternativ
Toastbrotform 20 × 11 × 11 cm oder offene Kastenform

Vorteig
10 g Hefe
210 ml Wasser
10 g Akazienhonig
200 g Kamut-Mehl

Brühstück
20 g Dinkel-Vollkornmehl
60 ml Wasser

Hauptteig
Vorteig
Brühstück
200 g Dinkel-Vollkornmehl plus etwas mehr zum Bearbeiten
15 g Salz
30 g Butter
40 g Sahne
50 ml Wasser
2 EL Butter zum Einfetten der Gläser

ZUBEREITUNG

Vorteig: Hefe mit Wasser und Honig zusammen verrühren. Das Mehl hinzufügen und mit einem Knethaken auf kleinster Stufe 5 Minuten kneten. Teig abdecken und bei Zimmertemperatur 60 Minuten ruhen lassen. Während dieser Zeit den Teig zwei Mal dehnen und falten (siehe Rezept »Mini-Fladenbrote« Seite 50).

Brühstück: Mehl und Wasser in einem kleinen Topf zu einer glatten Masse verrühren. Unter ständigem Rühren erhitzen, bis eine dickcremige Masse entsteht. Den Topf mit einem Deckel verschließen und die Masse auf Zimmertemperatur abkühlen lassen.

HAUPTTEIG

1. Mehl und Salz in einer Schüssel vermengen.
2. Butter schmelzen und die Sahne unterrühren. Nicht kochen! Beides zum Mehl geben.
3. Vorteig, Brühstück und Wasser hinzufügen. Alles zusammen mit einem Knethacken auf kleinster Stufe 10 Minuten kneten. Anschließend abdecken und 60 Minuten bei Zimmertemperatur gehen lassen. Alle 15 Minuten dehnen und falten. Während dieser Zeit die Gläser mit Butter (Zimmertemperatur) einpinseln.
4. Den Teig auf einer bemehlten Arbeitsfläche in fünf gleich große Stücke (à etwa 160 g) aufteilen. Die Teiglinge rund formen und in die gebutterten Gläser einlegen. Das Glas mit dem passenden Deckel abdecken (ohne Gummiringe und Klammern). Bei Zimmertemperatur 60 Minuten gehen lassen. Den Backofen auf 240 °C Ober-/Unterhitze vorheizen.
5. Die Gläser im vorgeheizten Backofen etwa 10 Minuten backen. Danach die Temperatur auf 180 °C reduzieren und weitere 40 Minuten backen. Nach dem Backen die Deckel entfernen und die Toastbrote 10 Minuten abkühlen lassen. Anschließend aus den Gläsern stürzen und auf einem Gitterrost kalt werden lassen. Der Toast kann gut in den Backgläsern gelagert werden.

INFO

Beim Backen in einer Toastbrotform 20 × 11 × 11 cm wird der gesamte Teig in einer gebutterten Toastbrot-Backform mit Deckel gebacken. Oder in einer klassischen Kastenform ohne Deckel und mit einem Stück Backpapier abdecken.

ANSTELLGUT

Anstellgut ist eine kleine Menge Sauerteig, um eine größere Menge Sauerteig herzustellen, die zur Sauerteigbrotherstellung notwendig ist. Zur Schaffung von einem Anstellgut werden 3–4 Tage benötigt. Danach kann es auch schon gleich losgehen mit dem Backen von Sauerteigbroten. Zum Einstieg empfehle ich das Vollkornbrot mit Saaten, siehe Seite 56. Wer sein Anstellgut nicht selbst herstellen möchte, kontaktiert www.sauerteigbörse.de. Hier werden Sie umsonst geholfen.

Schritt 1: In einem 500-ml-Glas 50 g Bioroggen-Vollkornmehl und 50 g Wasser (lauwarm) verrühren. Mit einer Haube oder Deckel abgedeckt für 24–36 Stunden bei 24–28 °C reifen lassen, bis deutlich ein paar Bläschen im Ansatz zu sehen sind. Die Temperatur unbedingt einhalten. Falls die Raumtemperatur zu hoch, zu niedrig oder nicht konstant ist, das Glas in einen Backofen stellen. Die Beleuchtung im Backraum einschalten und hier den Ansatz reifen lassen. Sollte die Temperatur über 28 °C steigen, die Backofentür leicht öffnen.

Schritt 2: Am 2. Tag zum obigen Ansatz 50 g Roggen-Vollkornmehl und 50 g Wasser hinzufügen und verrühren. Mit einer Haube oder Deckel abdecken. Die Reifezeit beträgt nun 4–24 Stunden bei 24–28 °C. Der Ansatz sollte sich verdoppelt haben und es sollten viele Blasen zu sehen sein. Die Masse riecht leicht säuerlich.

Schritt 3: Von dem obigen Ansatz 10 g abnehmen und in einem neuen Glas mit 50 g Roggen-Vollkornmehl und 50 g Wasser vermengen. Der restliche Ansatz wird entsorgt. Den neu hergestellten Ansatz 6–12 Stunden reifen lassen. Das Volumen sollte sich verdoppelt haben. Der Ansatz nennt sich nun Anstellgut und wird nach der Reifung im Kühlschrank gelagert. Dieses Anstellgut wird zur Herstellung von Sauerteig verwendet.

INFO

Das Anstellgut kann im Kühlschrank 1–2 Wochen gelagert werden und muss spätestens nach 2 Wochen aufgefrischt werden. Das heißt, vom Anstellgut werden 10 g abgenommen und in einem neuen Glas mit 50 g Roggen-Vollkornmehl und 50 g Wasser vermengt. Das restliche Anstellgut wird entsorgt. Oder anderweitig verwendet, siehe Absatz »Anstellgut-Reste weiter verwenden«. Den neuen Ansatz 6–12 Stunden reifen lassen. Das Volumen sollte sich verdoppelt haben. Anschließend in den Kühlschrank stellen und spätestens nach 14 Tagen neu füttern, reifen lassen und wieder im Kühlschrank lagern. Dieser Rhythmus wird ein Leben lang beibehalten. Mein Anstellgut ist jetzt über fünf Jahre alt und wird immer besser.

Am Anfang ist das Anstellgut noch etwas schwach. Deshalb empfiehlt es sich, dem Brotteig in der Anfangszeit eine minimale Menge Hefe hinzuzugeben. Für 1 kg Brotteig mit Sauerteig reicht 1 g frische Hefe aus. Nach dem 8.–10. Auffrischen sollte das Anstellgut kräftig genug sein, um ohne Hefe ein lockeres Brot zu backen.

Wer größere Mengen Brot backen möchte und mehr als die vorhandene Menge Anstellgut benötigt, sollte mindestens einen Tag im Voraus die entsprechende Menge Anstellgut herstellen.

Beim Verbrauch vom Anstellgut ist es wichtig, darauf zu achten, dass immer mindestens 10 g Anstellgut zurückbleiben, um neues Anstellgut herzustellen.

Anstellgut-Reste weiter verwenden: Eine Möglichkeit ist es, die Reste zu trocknen. Dazu wird das Anstellgut dünn auf Backpapier gestrichen und bei 30–150 °C bei leicht geöffneter Tür im Backofen getrocknet. Anschließend zu Pulver mahlen. Das Pulver kann als Zugabe in Hefebroten verwendet werden oder als Saucenbinder eingesetzt werden. Besonders lecker auch beim Ansetzen von milchsaurem Gemüse.

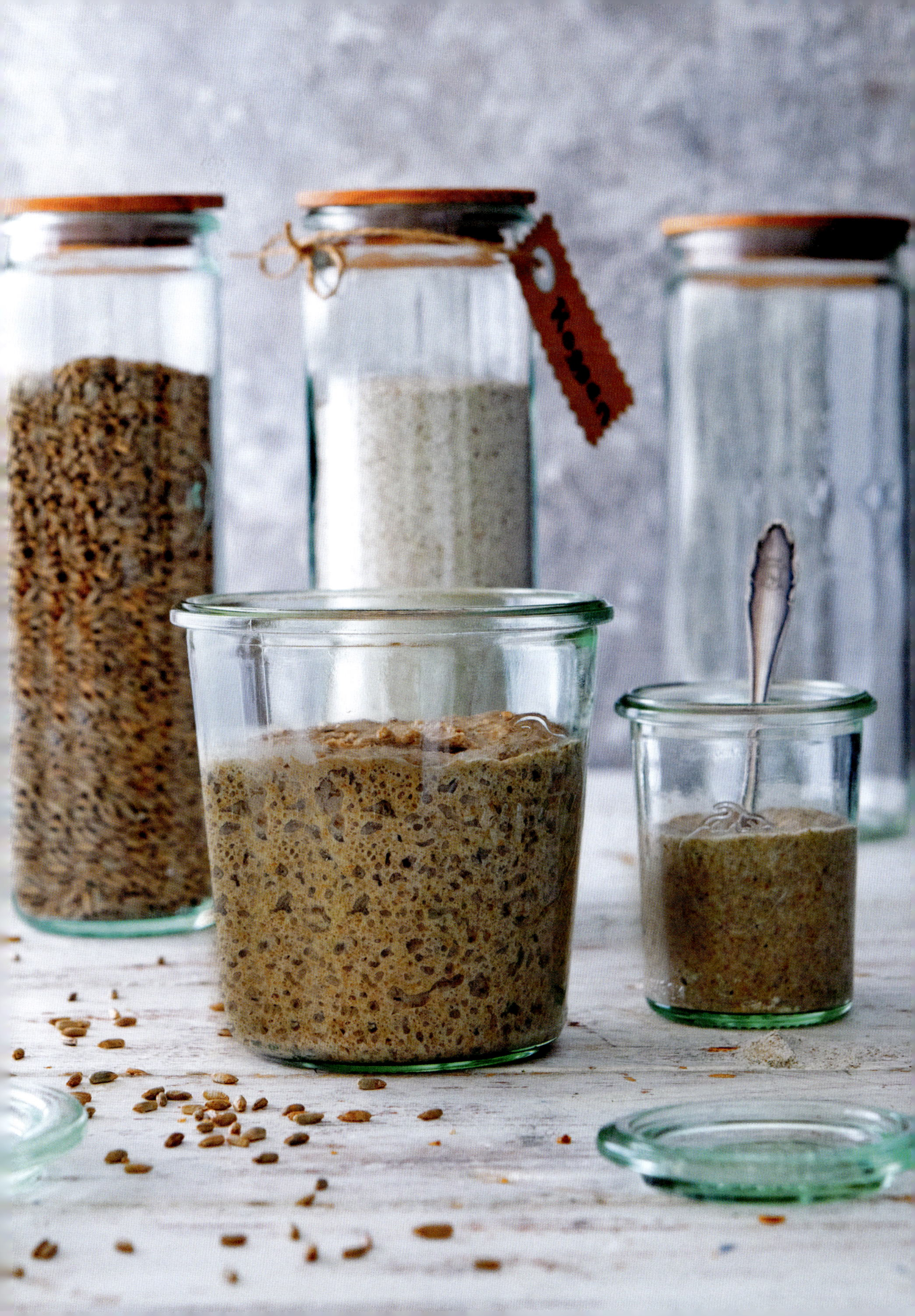

SUPPEN

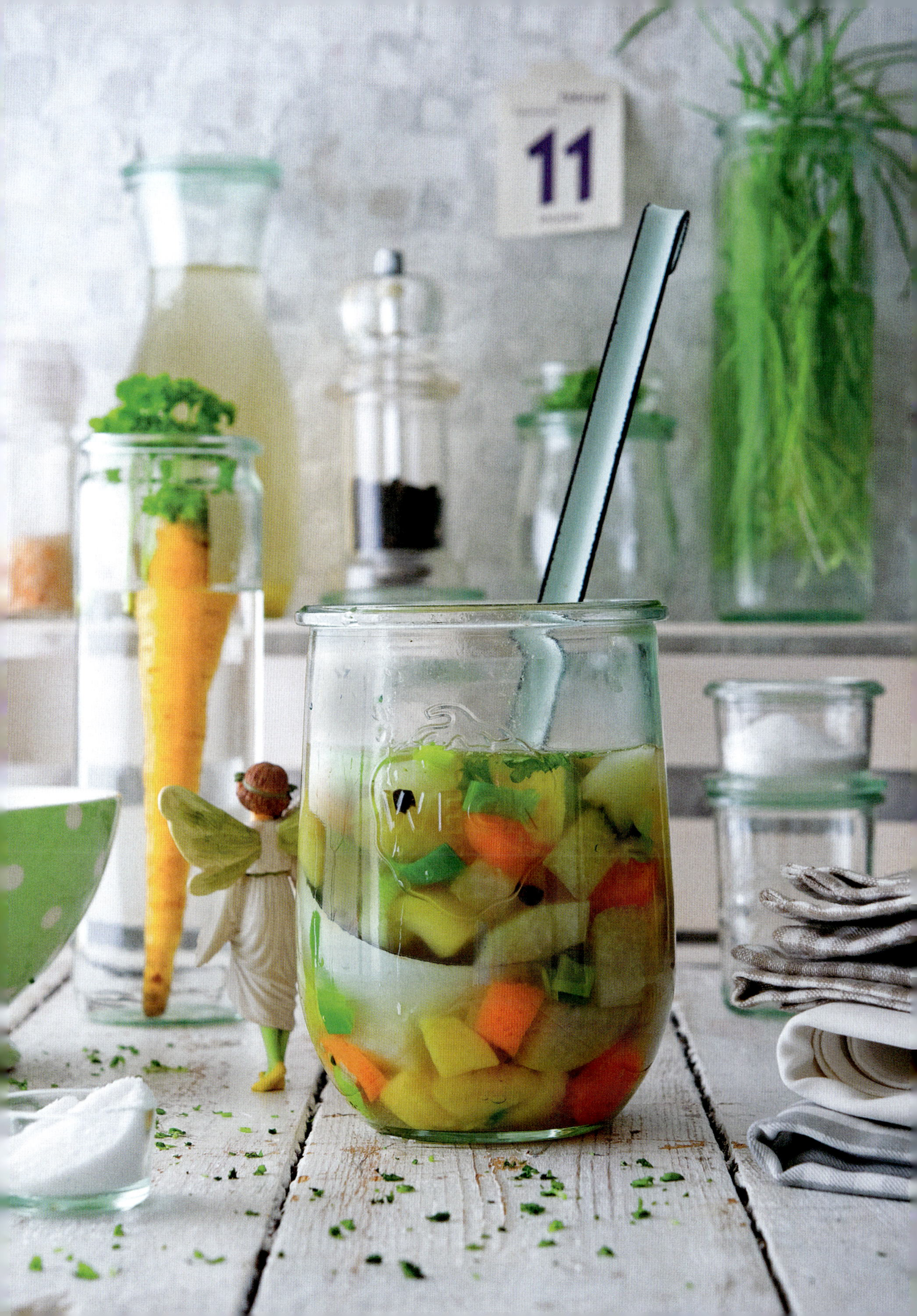
11

ARABISCHE BERGLINSENSUPPE MIT FEIGEN

Vegan, vollwertig

Berglinsen, Gemüse, Koriander, Chili und Feigen – eine Suppe, die auch als Hauptgericht sättigt.
Raffiniert, exotisch und ein bisschen süß.

ZUBEREITUNGSZEIT: 45 MINUTEN

FÜR 6 PORTIONEN

6 Weck-Sturzgläser à 580 ml
oder 6 Weck-Rundgläser à 500 ml

50 g Zwiebeln
50 ml Olivenöl
1,2 l Gemüsebrühe
2 geh. TL Kreuzkümmel
200 g Berglinsen
50 g Sellerie
50 g Petersilienwurzel
100 g Karotten
150 g Lauch
1 Knoblauchzehe
400 g Tomaten oder 1 kleine Dose gehackte Tomaten
1 kleine Red-Eye-Chili
½ Bund Koriander
150–200 g getrocknete Soft-Feigen oder frische Feigen
Salz

ZUBEREITUNG

1. Zwiebeln abziehen, in feine Würfel schneiden und in Olivenöl glasig anschwitzen. Gemüsebrühe, Kreuzkümmel und Linsen dazugeben, aufkochen und im geschlossenen Topf etwa 20 Minuten auf kleiner Flamme köcheln lassen.
2. Sellerie, Petersilienwurzel und Karotten schälen, waschen und in kleine Würfel schneiden (Brunoise). Lauch waschen und in fingerdicke Ringe schneiden. Knoblauch abziehen und fein hacken. Tomaten in grobe Stücke schneiden. Chili ohne Samen fein hacken. Alle Zutaten zur Suppe geben und weitere 5 Minuten bei kleiner Hitze köcheln lassen.
3. Koriander fein hacken. Feigen in 5 mm dicke Scheiben schneiden, mit dem Koriander dazugeben, noch einmal mit aufkochen (frische Feigen nicht kochen) und mit Salz abschmecken.

INFO

Haltbarkeit im Kühlschrank 3–5 Tage. Kann gut eingefroren werden.

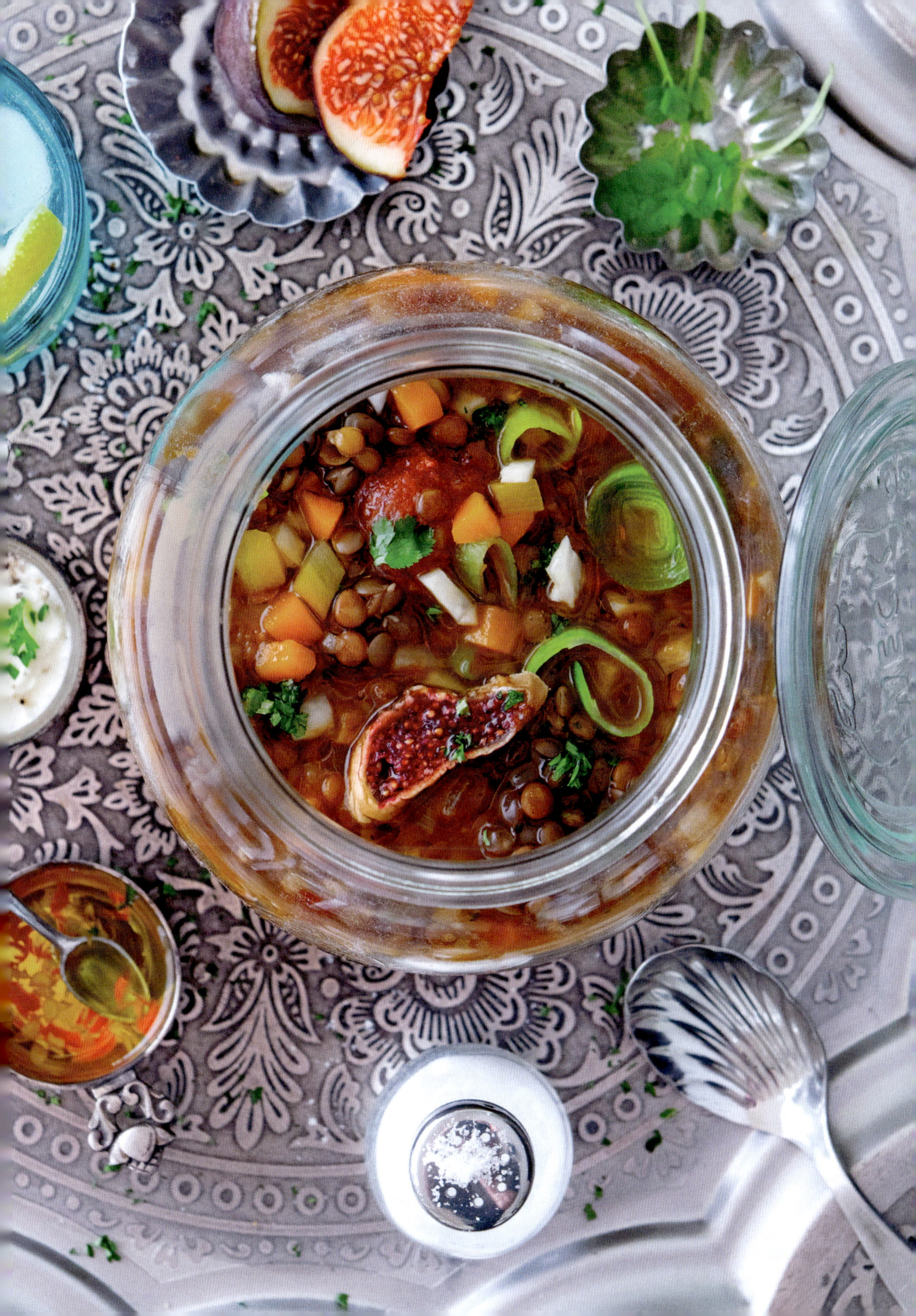

KOHLRABISUPPE MIT HALLOUMI

Vegetarisch, vegan, vollwertig

Halloumi ist ein aus dem Mittelmeerraum stammender Käse, der traditionell nur mit Schafsmilch hergestellt wurde. Heutzutage wird er aber auch aus Ziegenmilch oder aus Kuhmilch hergestellt. Der Käse behält beim Braten seine Form und lässt sich so auch wunderbar in Suppen verwenden. Beim Kauen quietscht der Käse etwas im Mund, deshalb wird er auch oft nur als Quietschkäse bezeichnet. Ohne Halloumi kann die Suppe auch vegan serviert werden. Die Kohlrabistängel und -blätter sollten nicht entsorgt werden. Beide sind ebenso köstlich wie die Knolle und können in der Suppe mitgekocht werden. Auch die Kartoffeln können mit Schale gekocht werden. Außer am Sonntag, da stelle ich die Suppe mit geschälten Kartoffeln auf den Tisch. Meine Schwester findet das so schöner.

ZUBEREITUNGSZEIT: 90 MINUTEN

FÜR 4 PORTIONEN

Weck-Sturzglas 480 ml

50 g Zwiebeln
1 Knoblauchzehe
6 EL Olivenöl
250 g festkochende Kartoffeln
500 g Kohlrabi
1 l Gemüsebrühe
2 Pimentkörner
¼ TL geriebener Muskat
1 Lorbeerblatt
schwarzer Pfeffer
200 g Halloumi, Natur
1 Bund frische Petersilie oder frischer Koriander

ZUBEREITUNG

1. Zwiebeln und Knoblauch abziehen und fein hacken. In einem Topf 4 EL Olivenöl erhitzen, Zwiebeln und Knoblauch darin glasig anschwitzen.
2. Kartoffeln und Kohlrabi schälen, waschen, beides in etwa 1 cm große Würfel schneiden und zu dem Zwiebel-Knoblauch-Mix geben.
3. Gemüsebrühe, Piment, Muskat und Lorbeerblatt hinzugeben und etwa 10 Minuten bei schwacher Hitze im geschlossenen Topf köcheln lassen. Mit Salz, Pfeffer und Muskat abschmecken.
4. Halloumi in etwa 1 cm große Stücke schneiden und in dem übrigen erhitzten Öl goldbraun braten.
5. Petersilie bzw. Koriander waschen, trockentupfen und fein hacken. Halloumi und Petersilie bzw. Koriander zur Suppe geben. Piment und Lorbeerblatt erst beim Servieren entfernen.

INFO

1. Die Suppe lässt sich gut einfrieren und hält sich im Kühlschrank mindestens 3 Tage.
2. Kann im Weck-Glas im Wasserbad wieder erhitzt werden.

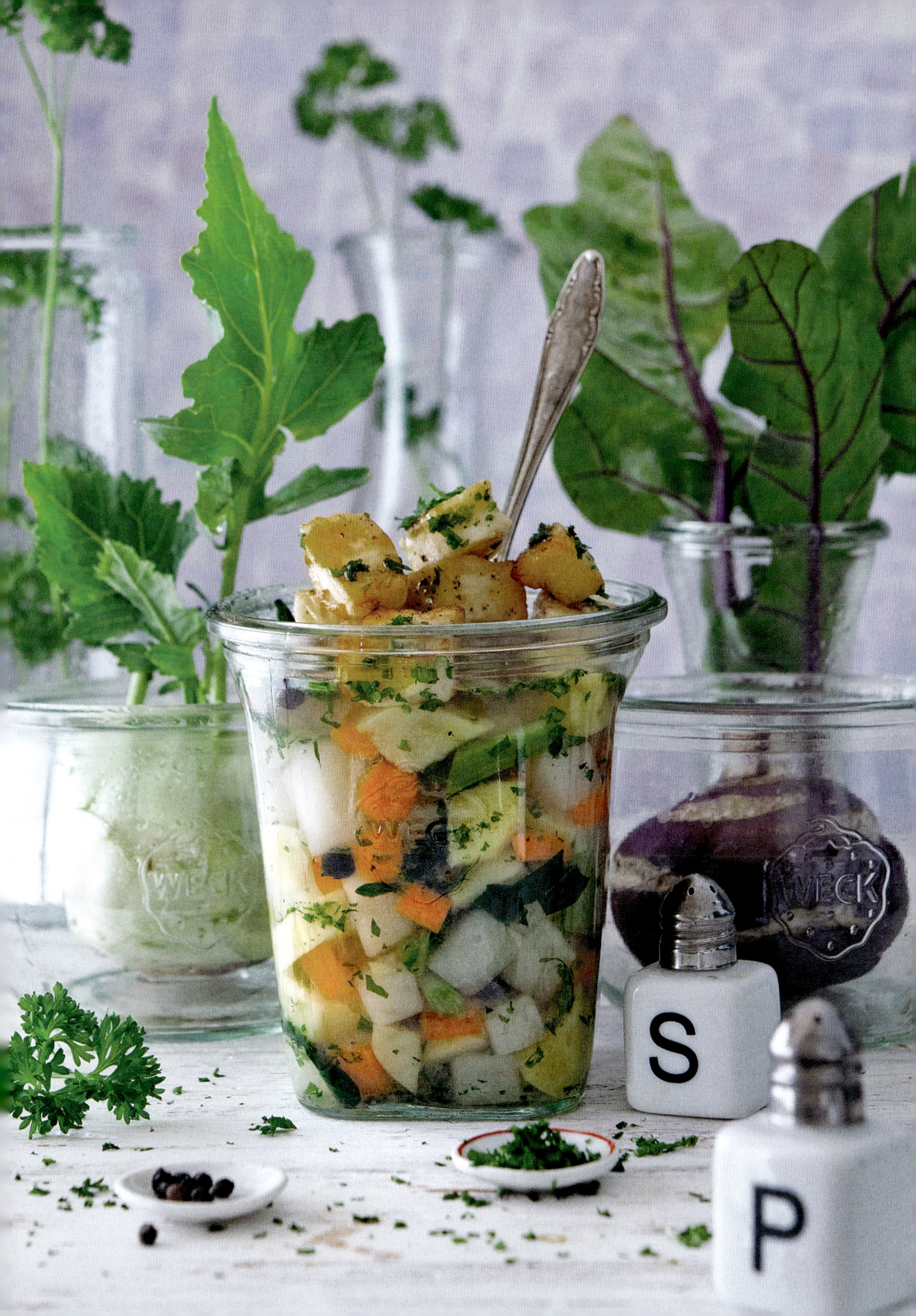
WECK
WECK
S
P

SÜSSKARTOFFEL-KOKOSMILCH-SUPPE

Vegan, vollwertig

Eine schnell gekochte Suppe ohne viel Klimbim. Statt Süßkartoffeln können auch Kürbis oder Karotten, Pastinaken oder Petersilienwurzeln verwendet werden.

ZUBEREITUNGSZEIT: 30 MINUTEN

FÜR 4 PORTIONEN (VORSPEISE)

4 Weck-Gläser à ca. 300 ml

350 g Süßkartoffeln
30 g Zwiebeln
50 g Olivenöl
20 g Ingwer
1 Knoblauchzehe
500 ml Gemüsebrühe
200 ml Kokosmilch
Salz
Chili oder Pfeffer
Zitronensaft zum Abschmecken
½ Bund Koriander oder Petersilie

ZUBEREITUNG

1. Süßkartoffeln waschen und mit einem Küchentuch abtrocknen. Anschließend mit Schale in etwa 2 cm große Stücke schneiden.
2. Zwiebeln abziehen und fein schneiden. In einem Topf das Olivenöl erwärmen und die Zwiebeln darin kurz glasig anschwitzen.
3. Ingwer schälen, Knoblauch abziehen, beides klein schneiden und mit den Süßkartoffeln zum Olivenöl-Zwiebel-Mix geben. Bei kleiner Hitze 2 Minuten anschwitzen. Gemüsebrühe hinzugeben. Aufkochen und weitere 5 Minuten im geschlossenen Topf köcheln lassen.
4. Die Kokosmilch hinzufügen und noch einmal aufkochen. Mit einem Pürierstab die Suppe cremig-fein pürieren. Mit Salz, Chili/Pfeffer und Zitronensaft abschmecken.
5. Koriander oder Petersilie abbrausen und trockentupfen. Fein hacken und die Suppe beim Anrichten damit bestreuen.

INFO

1. Die Suppe hält sich etwa 5 Tage im Kühlschrank und kann gut eingefroren werden.
2. Wer es gerne stückiger mag, lässt das Pürieren ausfallen.
3. Als Einlage passen gekochte Salzkartoffeln, Tofu, Erbsen, Karotten, Reis, Pasta. Anything goes.

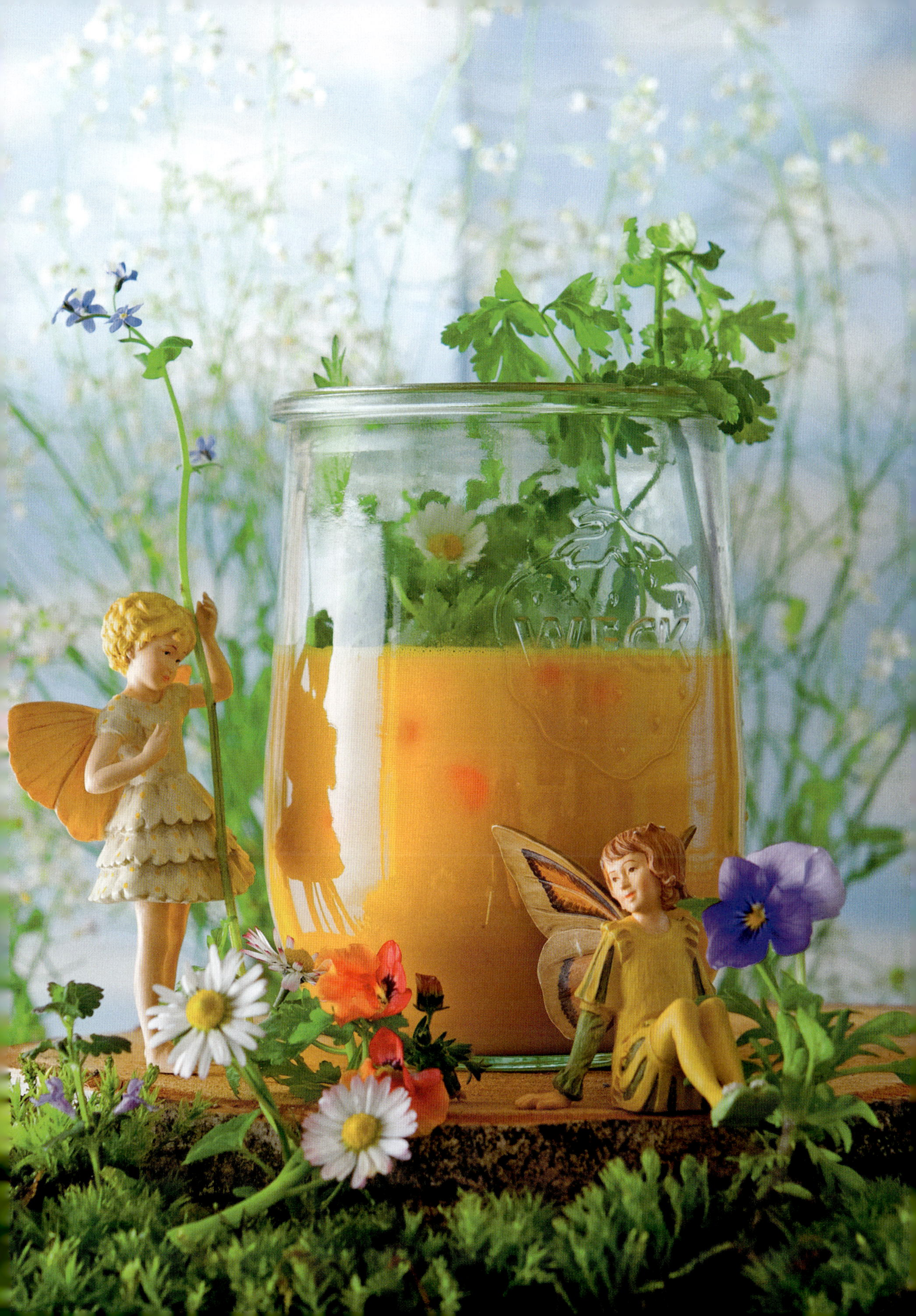
WECK

PETERSILIENWURZELSUPPE

Vegetarisch, vegan

Wenn ein Paar zwölfeinhalb Jahre verheiratet ist, wird Petersilienhochzeit gefeiert. Die silberne Hochzeit wird nach fünfundzwanzig Jahren zelebriert und die goldene nach fünfzig Jahren. Als Geschenk zur Petersilienhochzeit wird oft ein Topf Petersilie empfohlen. Warum nicht gleich eine Petersilienwurzelsuppe kochen! Das erfreut sicherlich das Brautpaar und alle Gäste. By the way: Singles dürfen jeden Tag Petersilienwurzelsuppe essen.

ZUBEREITUNGSZEIT: 60 MINUTEN

FÜR 4 PORTIONEN (VORSPEISE)

4 Weck-Sturzgläser 370 ml
oder 4 Weck-Rundgläser 370 ml

30 g Zwiebeln
40 g Olivenöl
250 g Petersilienwurzel
750 ml Gemüsebrühe
125 g Sahne oder Cashew-Sahne (siehe Rezept »Kartoffel-Rote-Bete-Gratin« Seite 98)
Salz
weißer Pfeffer
1 EL Zitronensaft
½ Bund glatte oder krause Petersilie

Für die Croûtons
4 Scheiben Toastbrot
4 EL Olivenöl

ZUBEREITUNG

1. Zwiebeln abziehen, klein schneiden und in einem Topf mit Olivenöl glasig anschwitzen.
2. Petersilienwurzeln gut waschen und in kleine Stücke schneiden. Danach zu den Zwiebeln geben und 1–2 Minuten darin anschwitzen. Gemüsebrühe angießen, aufkochen und auf kleiner Hitze im geschlossenen Topf (etwa 10 Minuten) weich garen.
3. Sahne bzw. Cashew-Sahne hinzugeben und aufkochen. Anschließend fein pürieren. Mit Salz, Pfeffer und Zitronensaft abschmecken.
4. Petersilie waschen, klein schneiden und die Hälfte der Petersilie mit der Hälfte der Suppe grün pürieren.
5. Beim Anrichten die weiße Suppe zeitgleich mit der grünen Suppe in ein Weck-Glas oder einen Teller gießen. Mit Croûtons und gehackter Petersilie anrichten.

Für die Croûtons das Toastbrot in 1,5 cm große Würfel schneiden. Olivenöl in einer Pfanne leicht erhitzen und das Toastbrot darin unter mehrmaligem Wenden goldbraun rösten.

INFO

1. Die gehackte Petersilie sollte immer erst kurz vor dem Anrichten unter die heiße Suppe püriert werden. Die Petersilie wird leider mit der Zeit in der heißen Suppe grau und verliert somit ihre frische grüne Farbe.
2. Die Suppe lässt sich gut einfrieren.

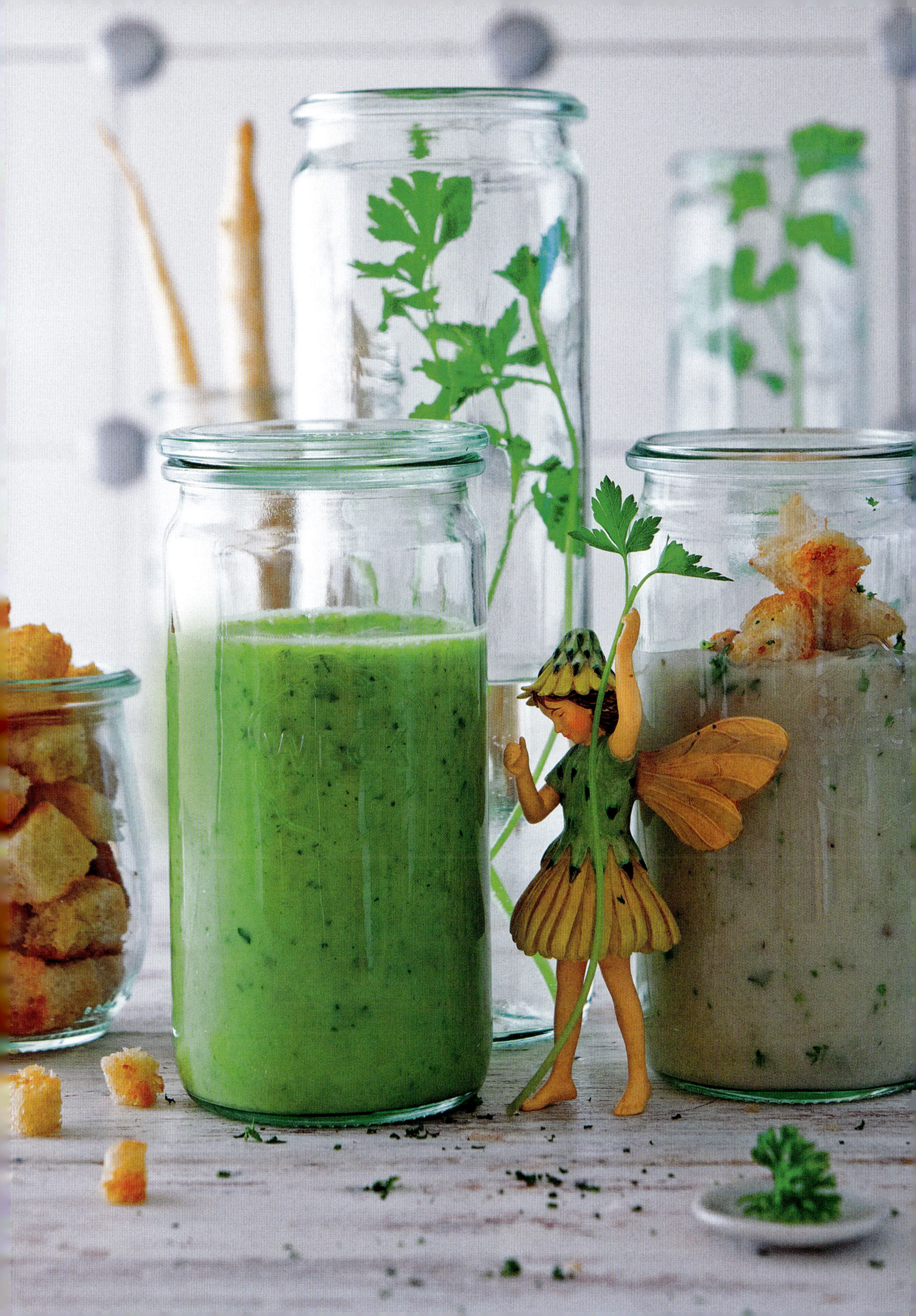

PERSISCHE BOHNEN-TOMATEN-SUPPE

Vegan, vegetarisch, vollwertig

Ein Traum von tausendundeiner Bohne. Scheherazade verführte König Schahriyâr nicht nur mit spannenden Geschichten aus Tausendundeiner Nacht, sondern auch mit kulinarischen Highlights der persischen Küche. Mit dabei war eine Suppe, die sie gut vorbereiten konnte, und ein erotisches Outfit, mit dem sie den König um seine Sinne brachte.

ZUBEREITUNGSZEIT: 45 MINUTEN

FÜR 4 PORTIONEN

Persische Suppe
400 g grüne breite Bohnen
400 g frische oder eingekochte Tomaten
½ Bird's-Eye-Chili
50 g Zwiebeln
2 Knoblauchzehen
4 EL Olivenöl
1 l Gemüsebrühe
1 Lorbeerblatt
1 Bund Basilikum oder frischer Koriander
250 g festkochende Kartoffeln

Minz-Joghurt
½ Bund Minze
200 g Ziegen-Joghurt oder Soja-Quark
Salz
Pfeffer

ZUBEREITUNG

1. Bohnen waschen, den Stielansatz abschneiden und die Bohnen in 2 cm große Stücke schneiden.
2. Tomaten waschen und in 2 cm große Stücke schneiden.
3. Chili entkernen und fein hacken.
4. Zwiebeln und Knoblauch abziehen und fein hacken. In einem Topf Olivenöl erhitzen. Zwiebeln und Knoblauch darin glasig anschwitzen. Gemüsebrühe, Tomaten und Chili dazugeben und aufkochen. Im geschlossenen Topf 10 Minuten bei kleiner Hitze köcheln lassen. Anschließend pürieren.
5. Bohnen und Lorbeerblatt zufügen, alles zusammen aufkochen und so lange kochen, bis die Bohnen al dente gegart sind. Das dauert 5–10 Minuten.
6. Kräuter fein hacken und zur Suppe geben.
7. Kartoffeln schälen, waschen und in Salzwasser gar kochen. Leicht abkühlen lassen, in Stücke schneiden und unter die Suppe heben. Mit Minz-Jogurt anrichten.

MINZ-JOGHURT

1. Minze waschen, trockentupfen und klein schneiden.
2. Joghurt mit Salz und Pfeffer verrühren. Anschließend die Minze unterheben.

INFO

1. Die Suppe in Gläser abfüllen, mit Deckel, Gummiring und Klammern verschließen. So kann man sie gut transportieren und anschließend im Glas im Wasserbad erhitzen.
2. Minz-Joghurt in ein extra Glas abfüllen und auch mit Deckel, Gummiring und Klammern verschließen.

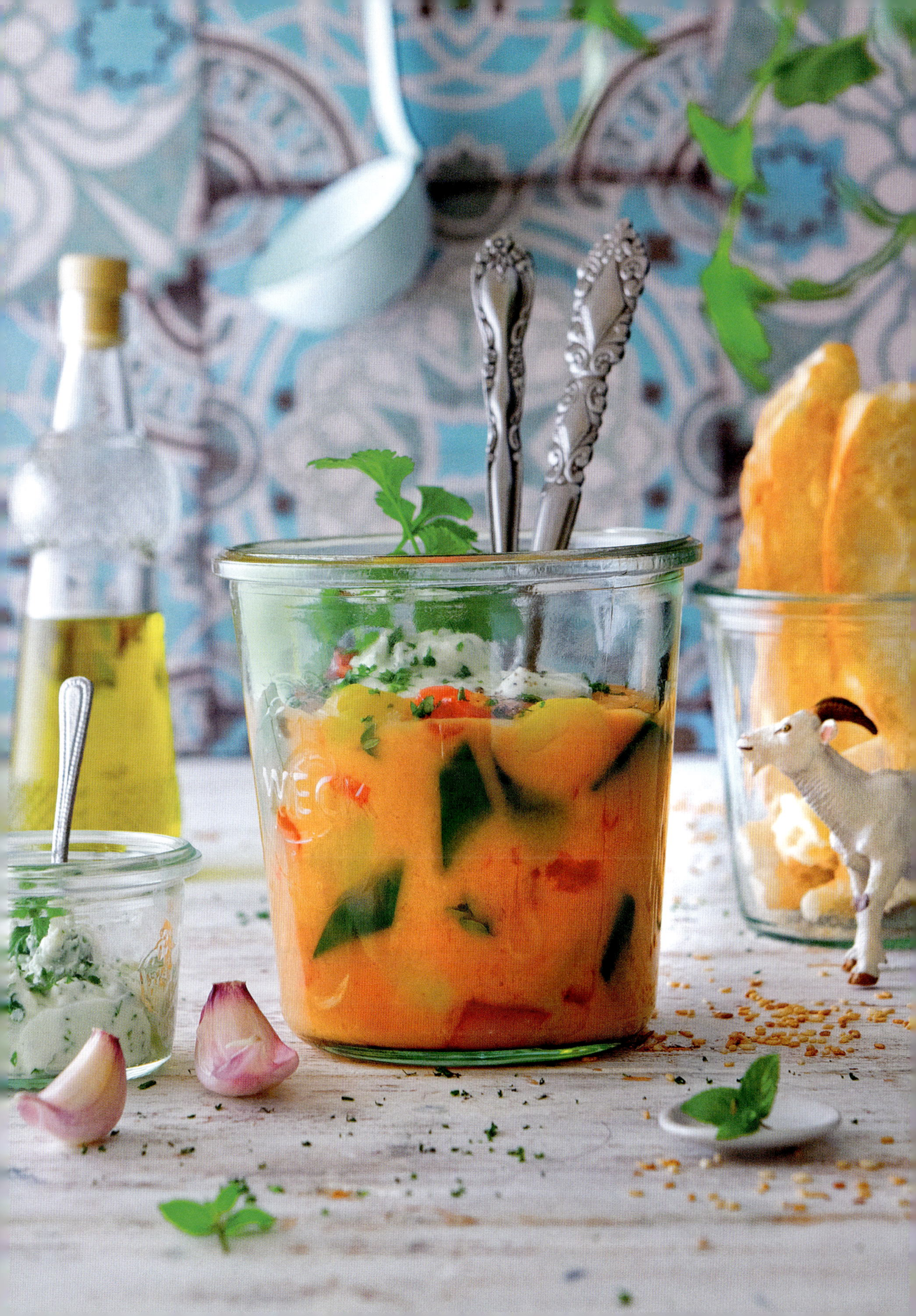

ROTE ZWIEBELSUPPE

Vegetarisch, vegan, vollwertig

In den 1970er-Jahren war dieser französische Suppenklassiker, Zwiebelsuppe mit Käse überbacken, ein absoluter Hit und in nahezu jedem Restaurant auf der Speisekarte zu finden. Es ist Zeit für ein Revival. Die Suppe hat es verdient. Zumal sie schnell zubereitet ist und das Herz wärmt. Im Sommer wie im Winter.

ZUBEREITUNGSZEIT: 30 MINUTEN

FÜR 4 PORTIONEN

4 Weck-Gourmetgläser à 300 ml

Zwiebelsuppe
500 g gelbe und rote Zwiebeln
50 ml Olivenöl
50 ml Weißwein
1 l Gemüsebrühe
1 Lorbeerblatt
4 Zweige Thymian
Salz
Pfeffer
1 Baguette
2 EL Olivenöl zum Braten
120 g Gruyère oder veganer Käse

Rote-Bete-Püree
150 g ungeschälte Rote Beten

ZUBEREITUNG

ZWIEBELSUPPE

1. Zwiebeln abziehen, in 0,5 cm dicke Scheiben schneiden, in dem Olivenöl 1 Minute andünsten und mit Weißwein ablöschen.
2. Gemüsebrühe und Lorbeerblatt dazugeben. Thymian waschen, Blätter abzupfen und zufügen. Auf kleiner Flamme etwa 5 Minuten köcheln lassen. Mit Salz und Pfeffer abschmecken. Backofen auf 200 °C mit Grillfunktion vorheizen.
3. Wer die Suppe schön rot mag, rührt vor dem Überbacken noch etwas Rote-Bete-Püree unter.
4. Baguette in 1 cm große Würfel schneiden und in einer Pfanne mit Olivenöl hellbraun rösten. Gruyère fein reiben.
5. Die Suppe in Weck-Gläser füllen (z. B. Weck-Gourmetgläser 300 ml). Darüber die gerösteten Baguette-Würfel geben, mit Käse bestreuen und im vorgeheizten Backofen überbacken, bis der Käse geschmolzen ist.

ROTE-BETE-PÜREE ZUM FÄRBEN

Rote Beten ungeschält etwa 60 Minuten in Wasser weich kochen. Die Schale entfernen. Rote Beten etwas klein schneiden und in einen Pürierbecher geben. 100 ml Wasser hinzufügen und mit einem Pürierstab sehr fein mixen. Diese Menge reicht für mehrere Suppen. Sparsam dosieren. Kann eingefroren werden.

INFO

Beim Schneiden von Zwiebeln werden die Poren vom Zwiebelfleisch geöffnet, dabei tritt eine Säure aus, die uns zum Weinen bringt. Um das Weinen zu umgehen, hilft es, eine Taucherbrille aufzusetzen. Oder zu heulen, was das Zeug hält. Das ist manchmal auch sehr befreiend.

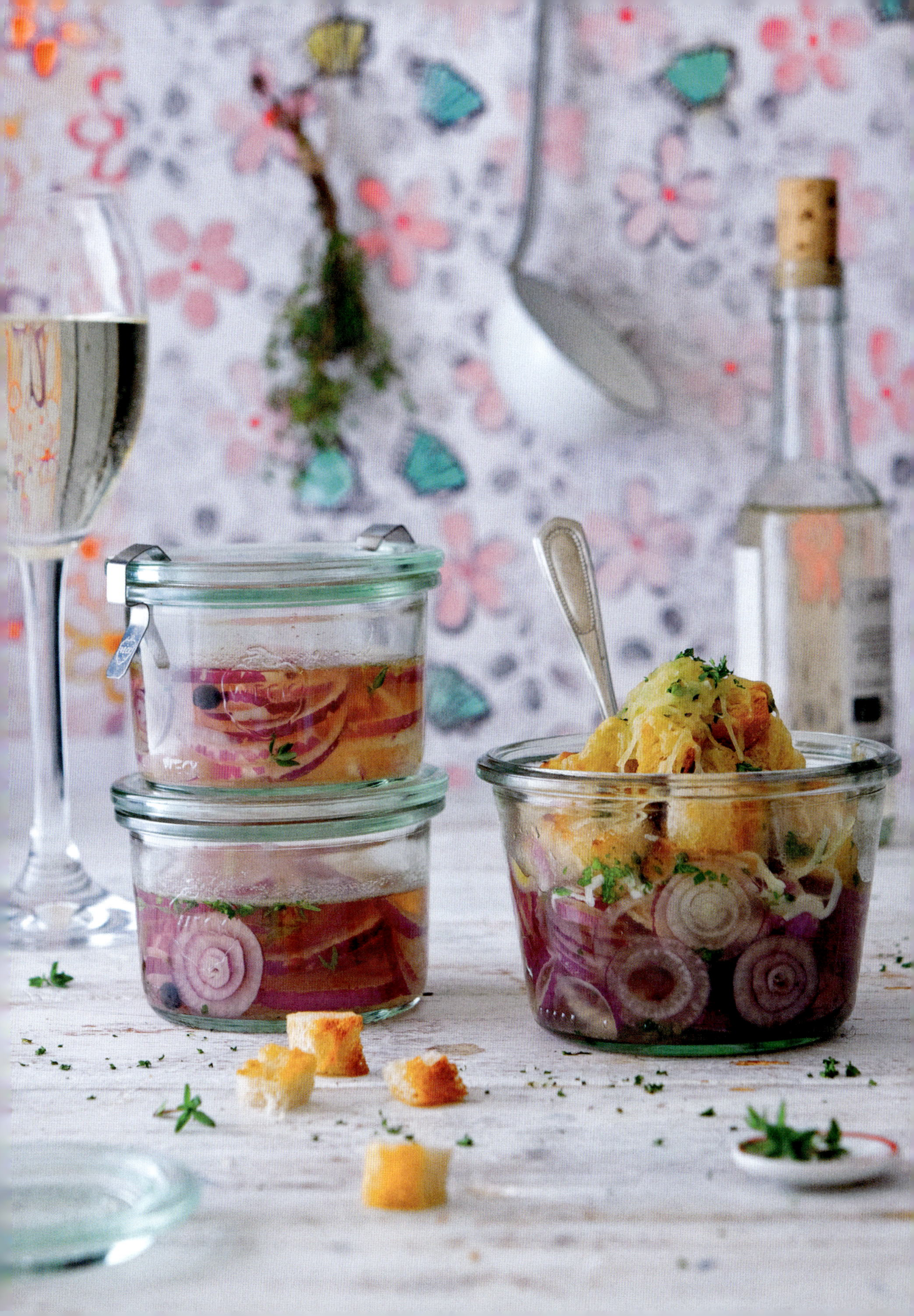

SALATE & BRUNCH

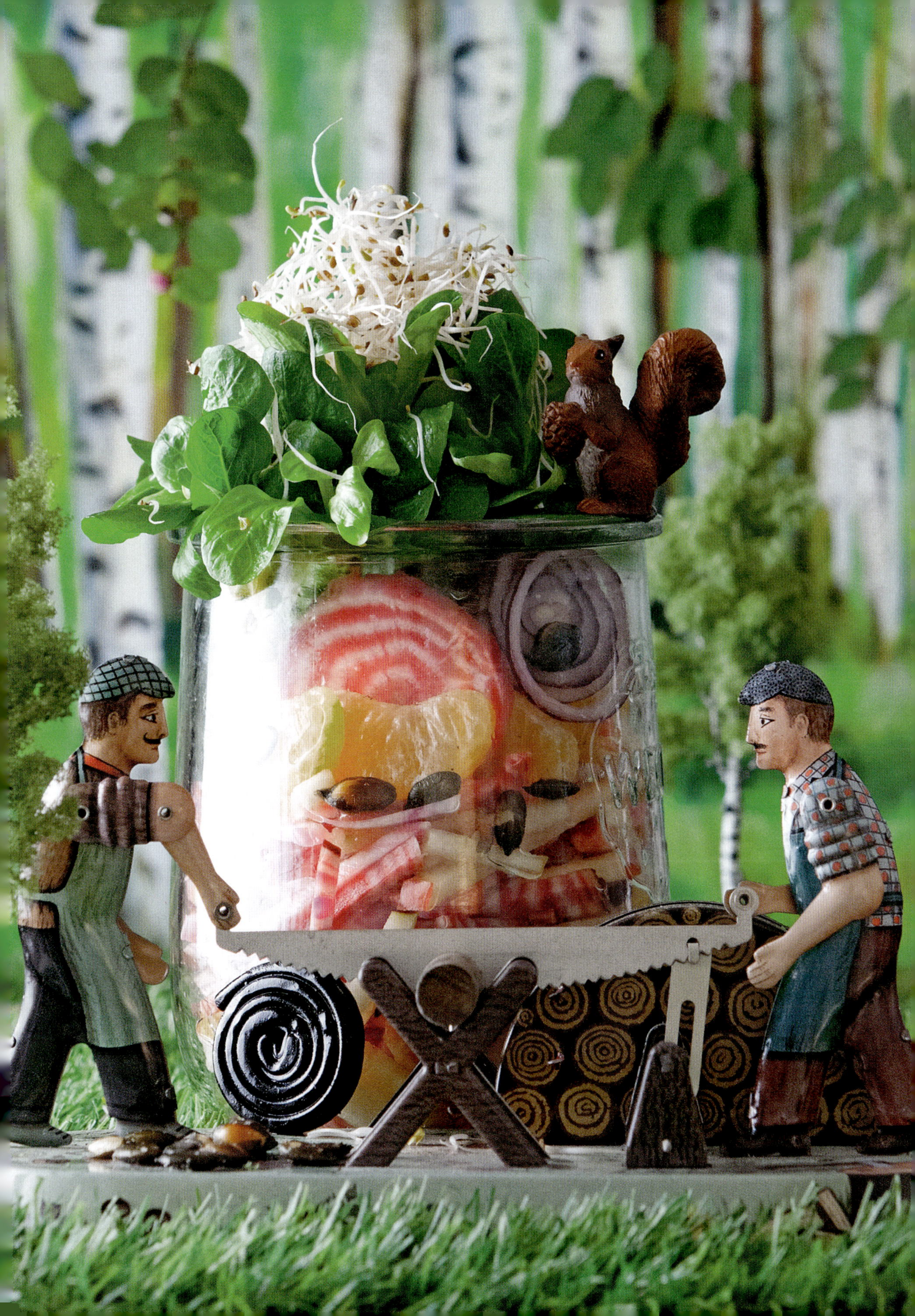

VEGANER MOZZARELLA

Vegan, vollwertig

Eine leckere vegane Mozzarella-Alternative. Als klassischer Caprese mit Tomate, Basilikum und Olivenöl. Oder zum Überbacken von Hauptspeisen oder Belegen von Sandwiches und Burgern.

ZUBEREITUNGSZEIT: 30 MINUTEN | **EINWEICHZEIT:** 2 STUNDEN | **QUELLZEIT:** 2 STUNDEN | **KÜHLZEIT:** 2 STUNDEN

FÜR 4 PORTIONEN

Weck-Sturzglas 340 ml

50 g Cashewkerne
10 g Flohsamenschalen
1 geh. EL Hefeflocken
1 TL Zitronensaft
1 TL Salz

ZUBEREITUNG

1. Cashewkerne in 100 ml Wasser für 2 Stunden einweichen. Danach das Wasser abgießen.
2. Flohsamenschalen in einer Schale mit 200 ml Wasser verrühren und 2 Stunden quellen lassen.
3. Cashewkerne, gequollene Flohsamenschalen, Hefeflocken, Zitronensaft und Salz in einem Mixer zu einer festen Masse mixen. Anschließend den Mozzarella in ein Weck-Sturzglas geben und für 2 Stunden im Kühlschrank kalt stellen (hierfür eignet sich auch jedes andere Sturzglas). Zum Verzehr den Mozzarella aus dem Glas stürzen und in Scheiben schneiden.
4. Optional: Die Mozzarella-Scheiben mit Tomaten, Salz, Pfeffer, frischem Basilikum und Olivenöl zu einem Caprese anrichten. For to go: Den Caprese im Weck-Glas anrichten.

INFO

Haltbarkeit im Kühlschrank etwa 1 Woche. Lässt sich gut einfrieren.

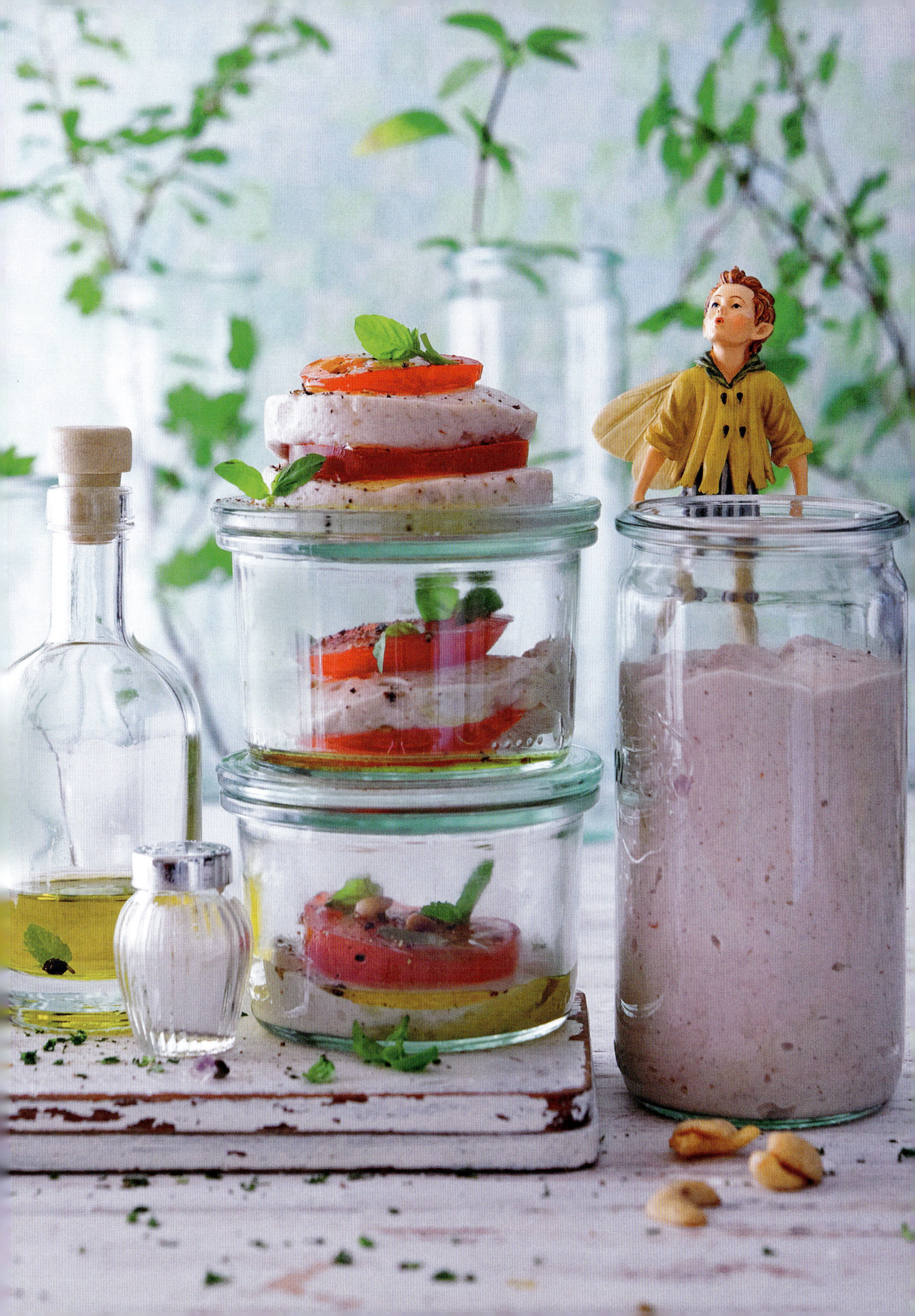

SPARGEL-ERDBEER-SALAT MIT HOLUNDER-VINAIGRETTE

Vegan, vollwertig

Im Frühsommer, wenn Erdbeeren und Spargel ihre Hochsaison haben, punktet dieser Salat mit seinen unnachahmlichen Aromen. Besonders lecker wird er, wenn zusätzlich der betörende Duft von Holunderblüten, die auch in dieser Zeit Saison haben, mit ins Spiel kommt. Ein unvergleichliches Triumvirat.

ZUBEREITUNGSZEIT: 45 MINUTEN

FÜR 4 PORTIONEN

Weck-Glas nach Wahl

Holunderblüten-Essig
- 30 g Holunderblüten (die Blüten am besten früh am Morgen pflücken und dann gleich verarbeiten. Ihr ist am Morgen am intensivsten)
- 300 g Weißweinessig

Holunderblüten-Vinaigrette
- 50 g Holunderblüten-Essig (siehe Teilrezept oben) oder Weißweinessig
- 1 geh. TL Salz
- 2 Msp. Pfeffer
- 1 TL Senf
- 1 Medjool-Dattel
- 100 ml Sonnenblumenöl
- 50 ml Wasser

Spargel-Erdbeer-Salat
- 400 g weißer Spargel
- 1 geh. TL Salz
- 200 g Erdbeeren
- Olivenöl zum Braten
- 50 g Pinienkerne
- 100 g Mixsalat, Rucola, Römersalat, Asiasalat

ZUBEREITUNG

HOLUNDERBLÜTEN-ESSIG

Holunderblüten abzupfen. Essig in ein Glas mit Deckel füllen und die Blüten hinzugeben. Kurz durchschütteln und verschlossen im Kühlschrank ziehen lassen. Zwischendurch das Glas immer mal wieder schütteln. Nach einer Woche die Blüten durch ein Sieb abgießen. Den Essig in Flaschen im Kühlschrank lagern. Haltbarkeit 12 Monate.

HOLUNDERBLÜTEN-VINAIGRETTE

Alle Zutaten bis auf Sonnenblumenöl und Wasser mit einem Pürierstab mixen. Anschließend während des Pürierens langsam das Sonnenblumenöl dazugeben. Zum Schluss das Wasser unterpürieren.

SPARGEL-ERDBEER-SALAT

1. Spargel waschen, schälen und in 3 cm große Stücke schneiden. In einem Topf 500 ml Wasser mit Salz zum Kochen bringen. Den Spargel darin in 3–5 Minuten al dente garen. Anschließend im kalten Wasserbad abkühlen und dann in einem Sieb abtropfen lassen.
3. Erdbeeren mit kaltem Wasser abspülen und abtropfen lassen. Je nach Größe halbieren oder vierteln.
4. In einer Pfanne mit etwas Olivenöl die Pinienkerne goldbraun rösten. Leicht salzen.
5. Mixsalat waschen, sanft trockenschütteln, mit Spargel und Erdbeeren anrichten. Mit 3 EL Vinaigrette pro Portion überziehen und mit gerösteten Pinienkernen bestreuen.

INFO

For to go: Erdbeeren und Spargel unten ins Glas schichten und dann die Blattsalate darübergeben. Die Vinaigrette und Pinienkerne jeweils in ein extra Glas abfüllen und dann à la minute mit dem Salat vermengen.

TOMATEN SÜSSSAUER EINGELEGT

Vegetarisch, vollwertig

Cherrytomaten sind ein kleines rotes Sommer-Glück mit vielen Aromen, die uns im Winter an die berauschende Zeit der vollsaftigen Früchte erinnern lassen. Perfekt als Antipasti, fürs Büfett oder zum Abendbrot.

ZUBEREITUNGSZEIT: 45 MINUTEN

FÜR 2 WECK-GLÄSER À 580 ML

- 125 g Zwiebeln
- 300 g Weißweinessig
- 100 g Akazienhonig
- 1 Dolde getrocknete Dillblüten, jedoch nicht frischer oder getrockneter Dill
- 2 Lorbeerblätter
- 1 EL Senfkörner
- 1 TL Salz
- 20 schwarze Pfefferkörner
- 300 ml Wasser
- 500 g Cherrytomaten

ZUBEREITUNG

1. Zwiebeln abziehen und achteln.
2. Alle Zutaten, außer den Tomaten, in einem Topf zum Kochen bringen. Im geschlossenen Topf 5 Minuten auf kleiner Hitze köcheln lassen.
3. Tomaten waschen und mit einem Spieß oder spitzen Messer zwei bis drei Mal einstechen. Das wird gemacht, damit die Tomaten den Geschmack vom Sud aufnehmen und nicht platzen.
4. Tomaten zum heißen Sud geben und noch einmal aufkochen. Anschließend die Tomaten mit Sud und allen anderen Zutaten in die Gläser füllen. Mit einem Gummi, Deckel und drei Klammern verschließen. Zum Abkühlen auf den Kopf stellen. Die Tomaten sind kühl gelagert etwa ½ Jahr haltbar. Vor dem Verzehr mindestens 2 Wochen durchziehen lassen.

INFO

Alternativ in zwei 500-ml-Twist-off-Gläser füllen und zum Abkühlen auch auf den Kopf stellen.

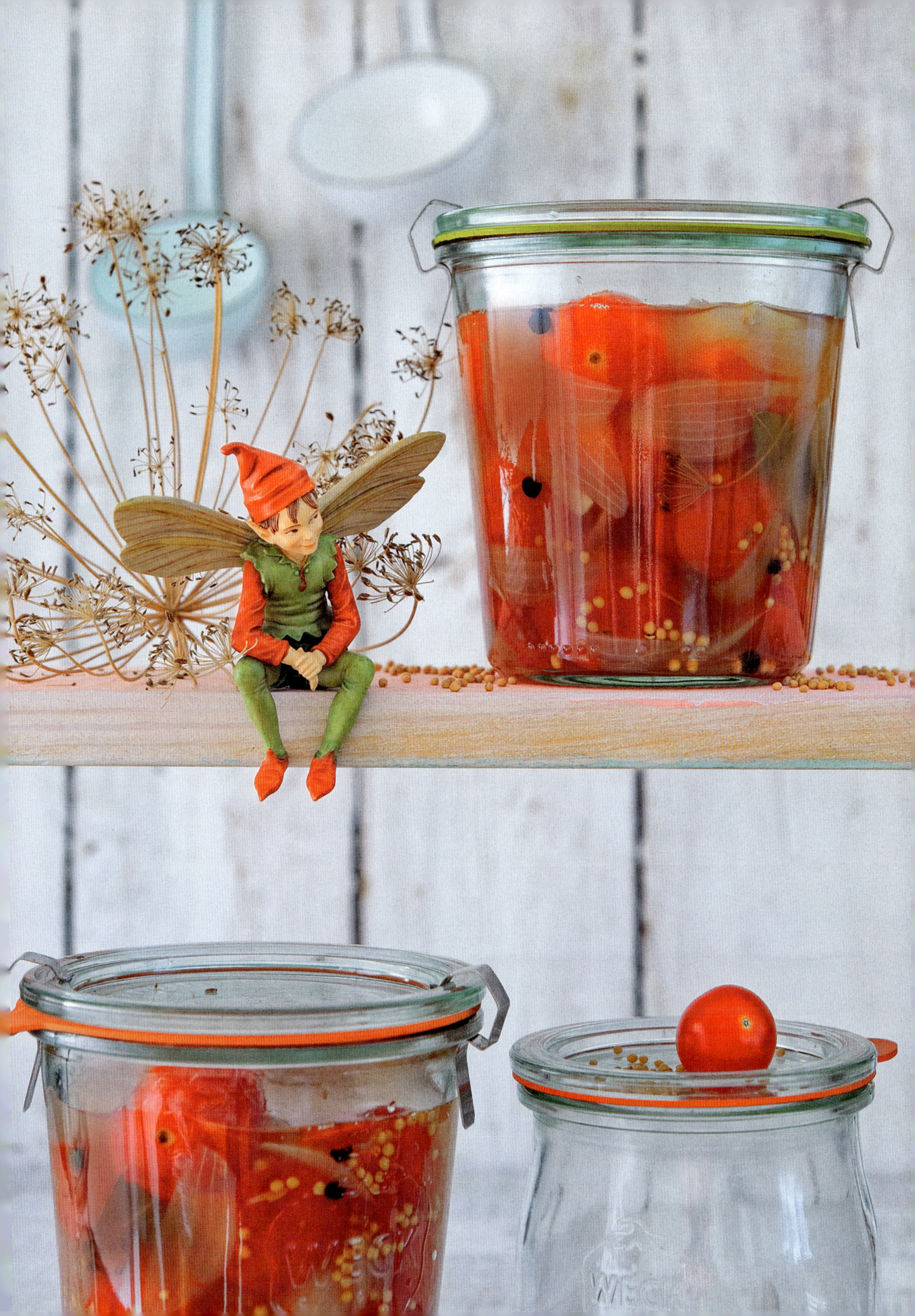

BOHNEN-PFIFFERLING-SALAT MIT VEGANEM PARMESAN

Vegan, vollwertig

Ein sommerlicher Salat mit grünen und gelben Buschbohnen. Italienisch inspiriert mit Pfifferlingen from the German woods. Passt gut zu Kurzgebratenem wie Tofu, Halloumi oder Feta. Besonders lecker auch als Teil eines Antipasto. Oder einfach nur als Salat mit Brot.

ZUBEREITUNGSZEIT: 45 MINUTEN

FÜR 4 PORTIONEN

Weck-Gläser nach Wahl

Bohnensalat
20 g Zwiebeln
1 Knoblauchzehe
50 g Olivenöl
1 Msp. gemahlener Muskat
Salz
500 g grüne oder gelbe Buschbohnen
1–2 EL gehackte Kräuter, z. B. Petersilie, Basilikum, Bohnenkraut oder Kapuzinerkresse
150 g frische Pfifferlinge
2 EL Olivenöl zum Braten
Pfeffer

Veganer Parmesan
130 g Cashewkerne
100 g Pinienkerne
45 g Hefeflocken
1 gestr. TL Salz

ZUBEREITUNG
BOHNENSALAT

1. Zwiebeln abziehen und sehr fein hacken. Knoblauch abziehen und in Scheiben schneiden. Olivenöl in einem kleinen Topf oder einer Pfanne erwärmen. Knoblauch und Zwiebeln dazugeben, glasig anschwitzen und mit Muskatnuss und Salz würzen.
2. Bohnen waschen und den Stielansatz entfernen. Die Spitze muss nicht entfernt werden. In einem Topf 1 l Wasser mit 4 gehäuften TL Salz aufkochen und darin die Bohnen al dente kochen. Das Kochwasser abgießen, die Bohnen sofort in einem eiskalten Wasserbad abschrecken und gut abtropfen lassen.
Die Bohnen mit dem heißen Öl-Zwiebel-Mix und den Kräutern vermischen.
3. Die Pfifferlinge mit einem Pinsel säubern. Große Pilze halbieren. In einer Pfanne 2 EL Olivenöl erhitzen, die Pfifferlinge darin etwa 2 Minuten anbraten, mit Salz und Pfeffer würzen und mit den Bohnen vermischen. Evtl. mit veganem Parmesan bestreuen.

VEGANER PARMESAN

Alle Zutaten in einem Mixer fein mahlen und in einem verschließbaren Glas lagern. Der vegane Parmesan hat eine Haltbarkeit von etwa 1 Monat.

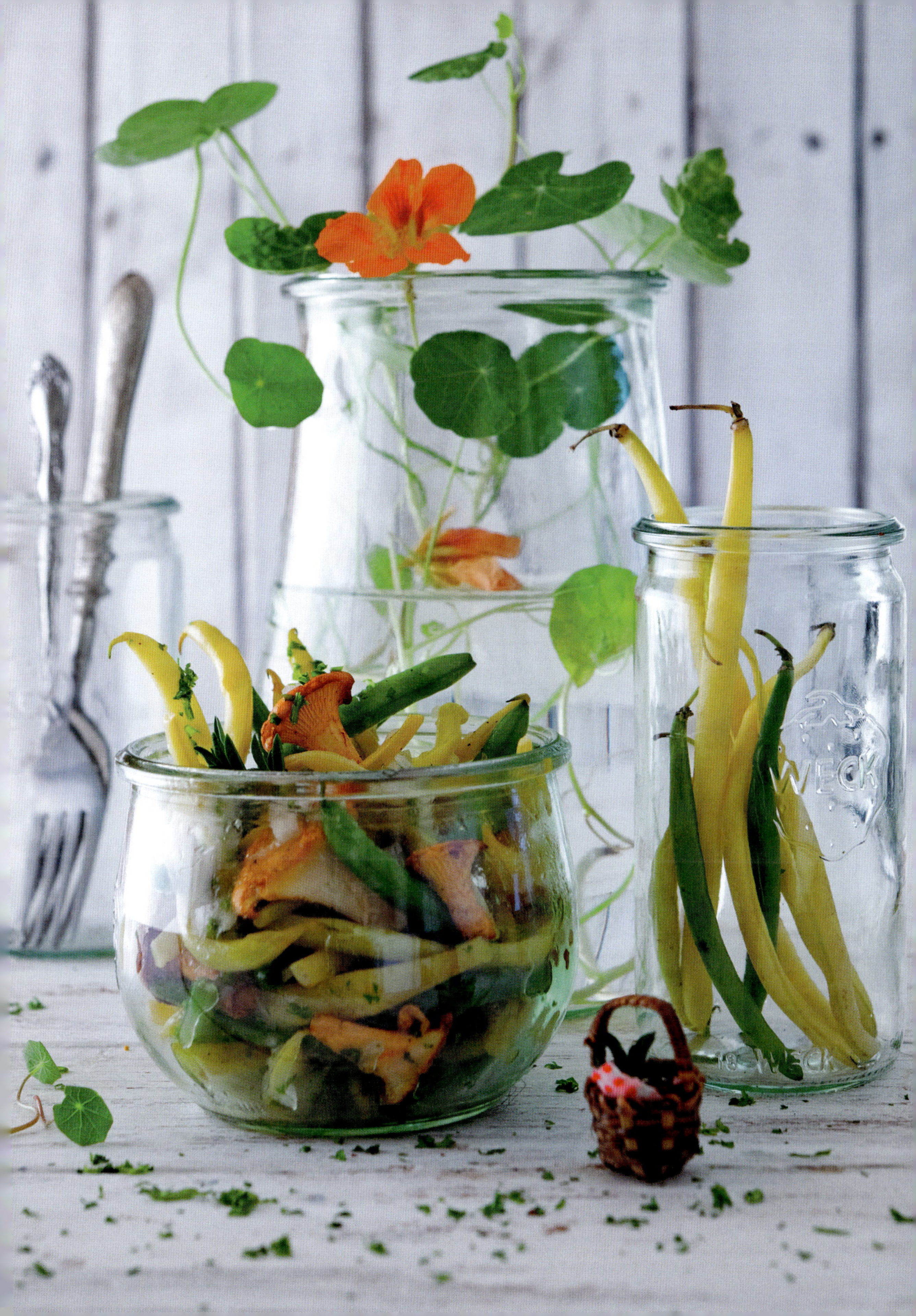
WECK

BÄRLAUCH-TSATSIKI

Vegetarisch, vegan, vollwertig

Griechischer Klassiker meets Bärlauch. Schnell zubereitet. Für die Mittagspause, Brunch, Dinner, Schule, Job, Picknick oder die schnelle Stulle zwischendurch.

ZUBEREITUNGSZEIT: 20 MINUTEN PLUS ZIEHZEIT

FÜR CA. 4 PORTIONEN

580 ml Weck-Sturzglas oder
500 ml Weck-Rundglas

400 g Salatgurke
Salz
1 Bund Bärlauch (30–50 g)
250 g griechischer Sahne-Joghurt oder Soja-Quark
Pfeffer

ZUBEREITUNG

1. Salatgurke waschen und mit der Schale grob reiben. Mit 1 gehäuften TL Salz würzen und 30 Minuten ziehen lassen. Anschließend die geraspelten Gurken mit den Händen gut ausdrücken. Das aufgefangene Gurkenwasser kann z. B. für eine Gurkensuppe, Gurkensaft oder Gurken-Parfait verwendet werden.
2. Bärlauch mit kaltem Wasser abbrausen und mit einem Küchentuch trockentupfen. Die Blätter mit Stiel fein schneiden und an die Seite stellen.
3. Sahne-Joghurt oder Soja-Quark in eine Schale geben, Bärlauch und Gurke unterrühren und mit Salz und Pfeffer würzen.
4. In Gläser abfüllen und im Kühlschrank lagern. Haltbarkeit etwa 5 Tage.

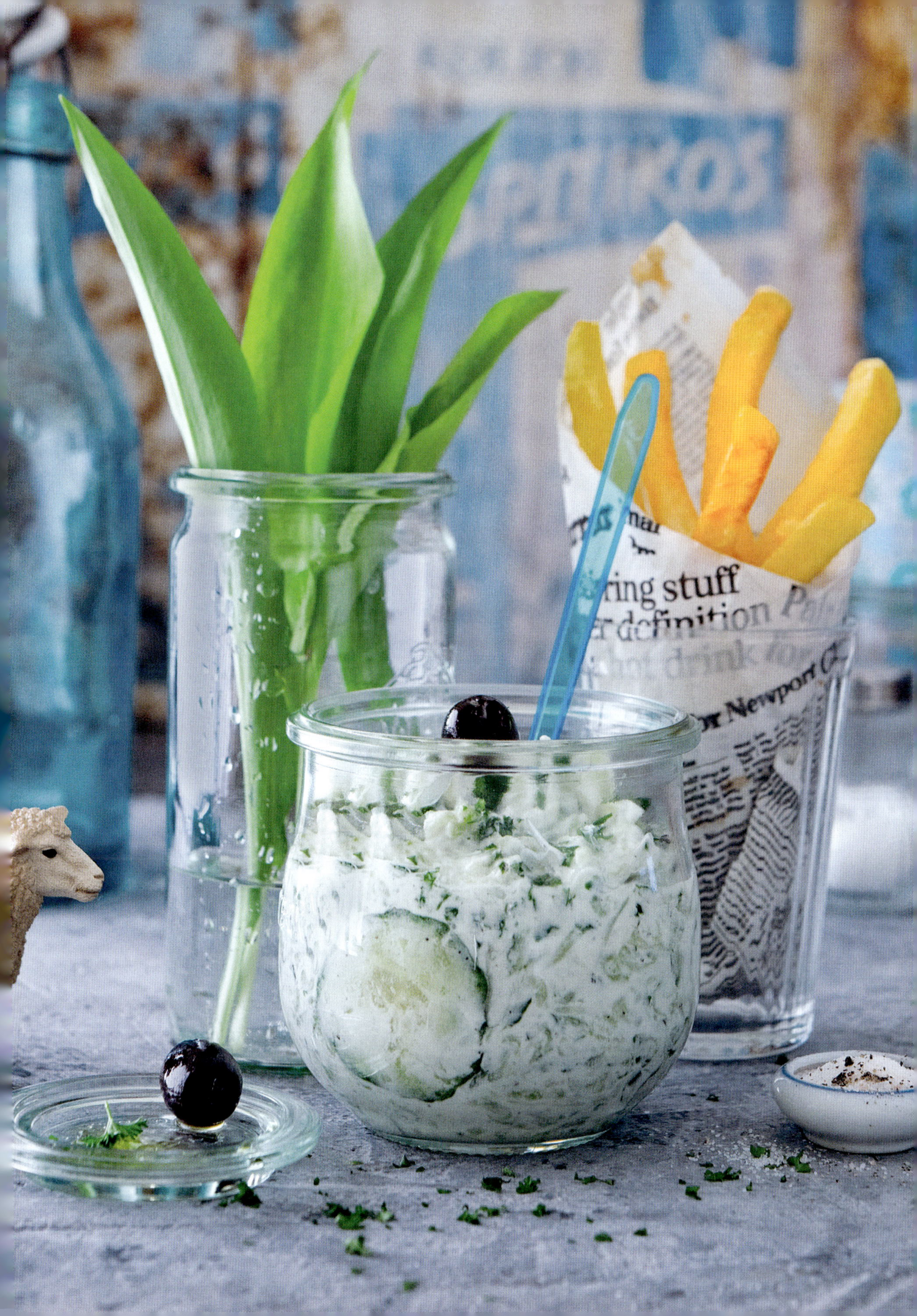

HOLUNDERBEER-APFEL-CHUTNEY

Vegetarisch

In meinem Berliner Hinterhof wächst ein mächtiger Holunderbusch, an dem im Spätsommer die leicht bitteren Beeren hängen. Diese werden nach der Ernte u.a. zu einem scharfen Chutney eingekocht. In kleinen Einmachgläsern verschenke ich diese Köstlichkeit an meine Nachbarn, die sie gern zu Ziegenkäse oder kurz gebratenem Tofu verputzen.

ZUBEREITUNGSZEIT: 30 MINUTEN

3 TWIST-OFF GLÄSER À CA. 200 ML

- 250 g Holunderbeeren (ohne Dolden)
- 1 mittelgroßer Apfel
- ½ kleine rote Chili
- 30 g Ingwer
- 2 leicht geh. TL Speisestärke
- 100 g Akazienhonig plus etwas mehr zum Abschmecken
- ½ Zimtstange
- 2 Nelken
- 1 Sternanis
- 1 TL Salz

ZUBEREITUNG

1. Holunderbeeren von der Dolde pflücken und kurz im Sieb mit kaltem Wasser abspülen.
2. Apfel waschen und in kleine Würfel schneiden.
3. Chili ohne Samen fein hacken. Ingwer schälen und fein reiben.
4. Speisestärke in einer Tasse mit 4 EL kaltem Wasser verrühren.
5. Honig aufkochen, Holunderbeeren, Apfel, Chili, Ingwer, Zimt, Nelken und Sternanis dazugeben und aufkochen. Die angerührte Speisestärke zügig unterrühren und die Mischung bei kleiner Temperatur etwa 2 Minuten köcheln lassen. Ab und zu umrühren und mit Salz und Honig abschmecken.
6. In Twist-off-Gläser füllen, verschließen und zum Abkühlen auf den Kopf stellen. Das Chutney ist dann etwa ½ Jahr haltbar.

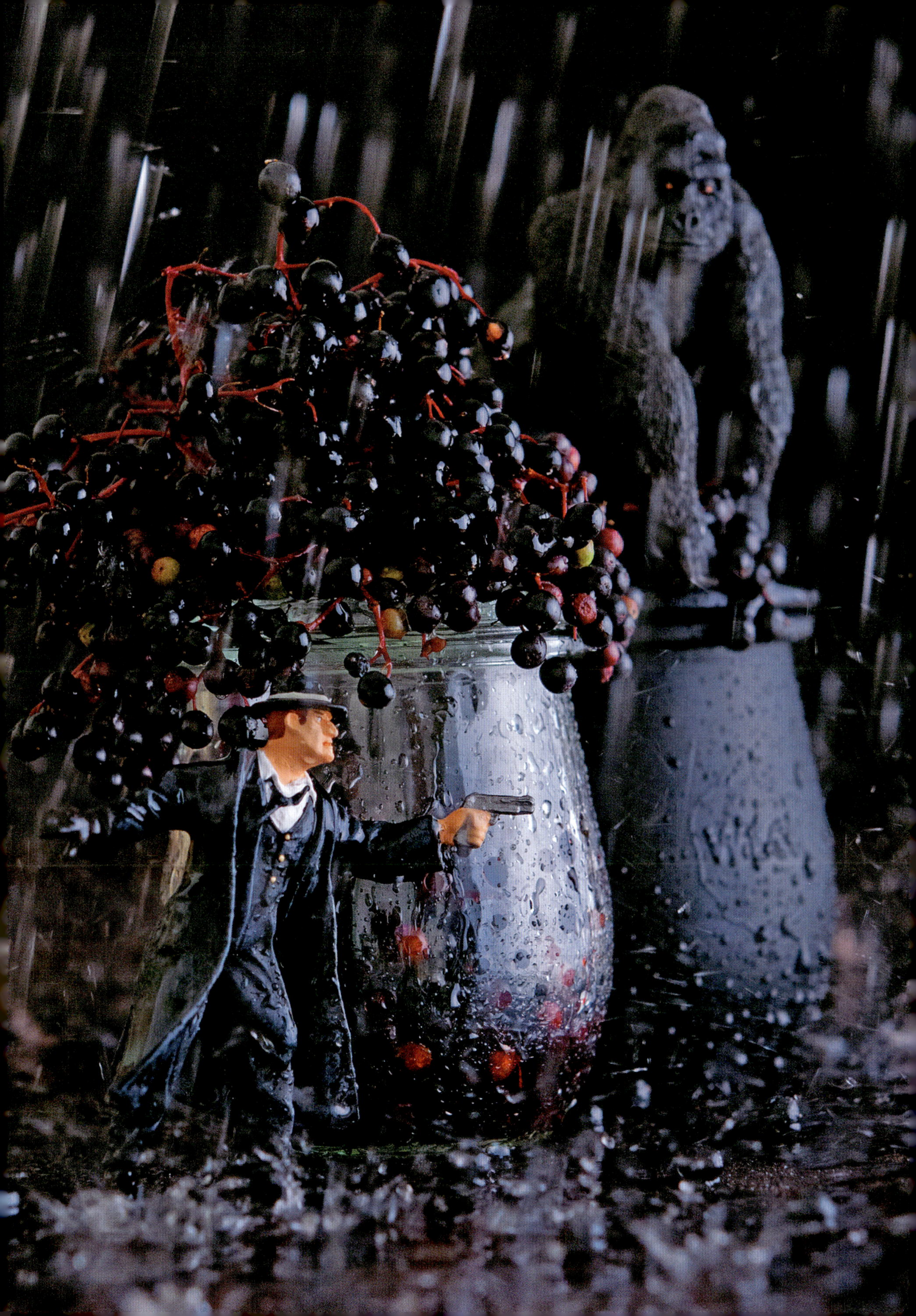

HAUPTSPEISEN

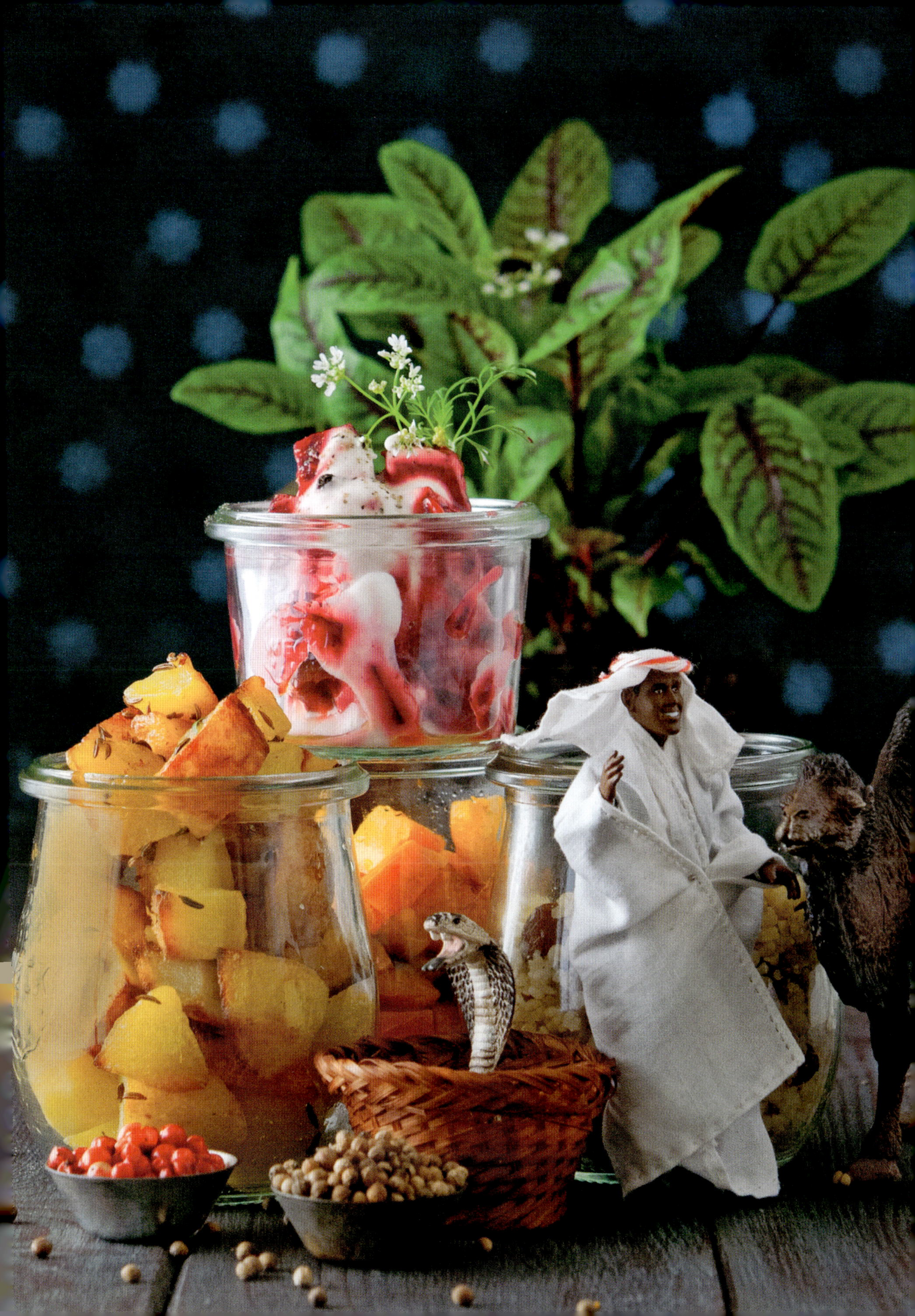

BLUMENKOHL-CURRY UND VENERE-REIS

Vegan, vollwertig

Der Strunk vom Blumenkohl ist ebenso köstlich wie der weiße Kopf. Deshalb den Strunk nie wegwerfen. Hauptgericht for to go. Blumenkohlcurry und Venere-Reis getrennt in ein Weck-Glas füllen und im Wasserbad wieder erwärmen.

ZUBEREITUNGSZEIT: 60 MINUTEN

FÜR 4 PORTIONEN

Gläser nach Wahl

Venere-Reis
250 g Venere-Reis
Salz

Blumenkohl-Curry
20 g Ingwer
1 Knoblauchzehe
4 Stiele frischer Koriander
50 g Zwiebeln
50 g Sonnenblumenöl
400 g Kokosmilch
150 ml Gemüsebrühe
1–2 geh. TL scharfes Currypulver
Salz
1 TL Zitronensaft
1 kleiner Kopf Blumenkohl

ZUBEREITUNG

1. Den Reis in einem Sieb mit kaltem Wasser kurz abbrausen. Anschließend im geschlossenen Topf mit 1 gestr. TL Salz und 625 ml Wasser garen. Ab und zu umrühren. Die Kochzeit beträgt 40–45 Minuten. Den garen Reis beiseitestellen.

2. Ingwer waschen und mit der Schale in kleine Stücke schneiden. Knoblauch abziehen und fein hacken. Koriander waschen, trockentupfen und klein schneiden.

3. Zwiebeln abziehen, fein schneiden und im Öl glasig werden lassen. Kokosmilch, Ingwer, Gemüsebrühe, Curry, 1 gestr. TL Salz, Knoblauch, Koriander und Zitronensaft dazugeben und bei kleiner Hitze im geschlossenen Topf 5 Minuten köcheln lassen. Topf vom Herd nehmen und 15 Minuten ziehen lassen. Anschließend mit einem Pürierstab die Currysauce cremig mixen.

4. Den Blumenkohl in Röschen und Strünke aufteilen. Die Blumenkohlröschen in Salzwasser al dente garen und zur Currysauce geben. Anschließend die Blumenkohlstrünke in 2-cm-Stücke schneiden und in dem gleichen Wasser al dente garen. Die Strünke brauchen in der Regel eine längere Kochzeit als die Röschen.

INFO

Im Kühlschrank 3–5 Tage haltbar.

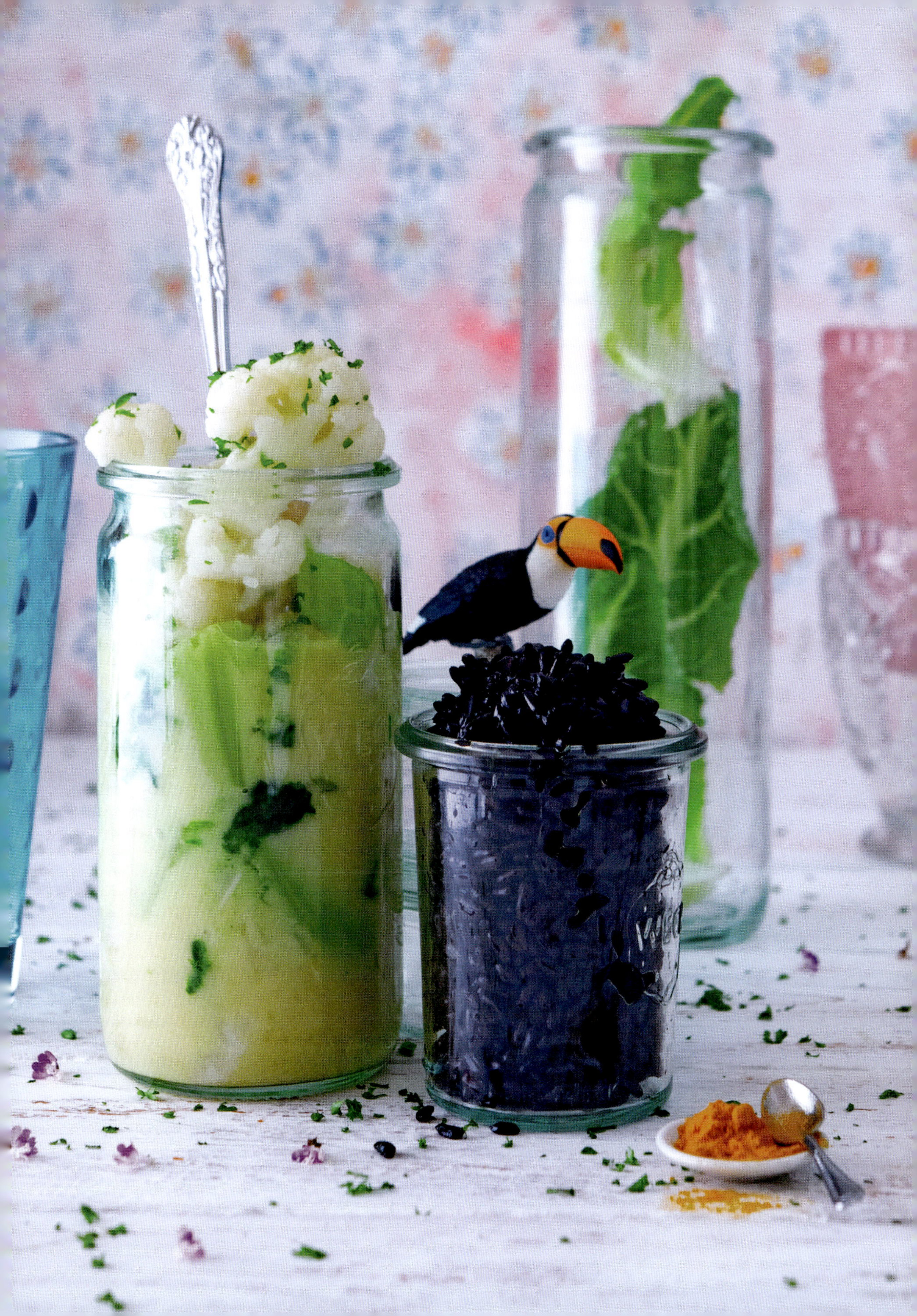

KARTOFFEL-ROTE-BETE-GRATIN

Vegan, vollwertig

German Ackergold. Ein cremiges Kartoffelgratin mit erdigen Noten von Rote Bete. Als Beilage zum Hauptgericht, aber auch solo ein Gaumen-Schmankerl. Besonders lecker mit grünem Spargel als Begleiter.

ZUBEREITUNGSZEIT: 30 MINUTEN | **BACKZEIT:** 40 MINUTEN | **EINWEICHZEIT:** 2 STUNDEN

FÜR 4 PORTIONEN
Weck-Sturzglas 200 ml

Cashew-Sahne
70 g Cashewkerne
300 ml Wasser

Kartoffel-Rote Bete-Gratin
1 Knoblauchzehe
1 TL Salz
2 Msp. weißer Pfeffer
3 Msp. geriebener Muskat
500 g festkochende Kartoffeln
100 g Rote Beten
1 EL Olivenöl zum Einfetten der Gläser
320 g Cashew-Sahne (siehe Teilrezept oben)

ZUBEREITUNG
CASHEW-SAHNE

1. Cashewkerne 2 Stunden in Wasser einweichen. Wasser abgießen und die Kerne mit 300 ml Wasser pürieren. Besonders cremig wird die Sahne in einem Hochleistungsmixer (Vitamix).
2. Knoblauch schälen und fein hacken. Cashew-Sahne mit Salz, Pfeffer, Muskat und Knoblauch vermengen und 15 Minuten ziehen lassen.

KARTOFFEL-ROTE-BETE-GRATIN

1. Kartoffeln schälen, waschen und in 4 mm dicke Scheiben schneiden.
2. Rote Bete waschen und mit oder ohne Schale in 4 mm dicke Scheiben schneiden.
3. Gläser mit Olivenöl einölen. Backofen auf 180 °C Ober-/Unterhitze vorheizen.
4. Rote-Bete-Scheiben auf den Boden der Gläser legen. Darüber die Kartoffelscheiben bis zum Glasrand schichten. Zwischendurch die Kartoffelscheiben immer wieder festdrücken.
5. Die Sahne gut durchrühren und über die Kartoffeln gießen, sodass die Kartoffeln bedeckt sind.
6. Im vorgeheizten Backofen auf der mittleren Einschubleiste etwa 40 Minuten backen. Anschließend mit einem Messer am Innenrand entlangziehen und das Gratin aus der Form stürzen.

INFO

1. Das Kartoffelgratin hat eine Haltbarkeit im Kühlschrank von max. 1 Woche.
2. Kann im Backofen oder im Wasserbad aufgewärmt werden.
3. Für eine vegetarische Version wird Sahne statt Cashew-Sahne verwendet und zusätzlich 30–50 g Parmesan unter die Sahne püriert.

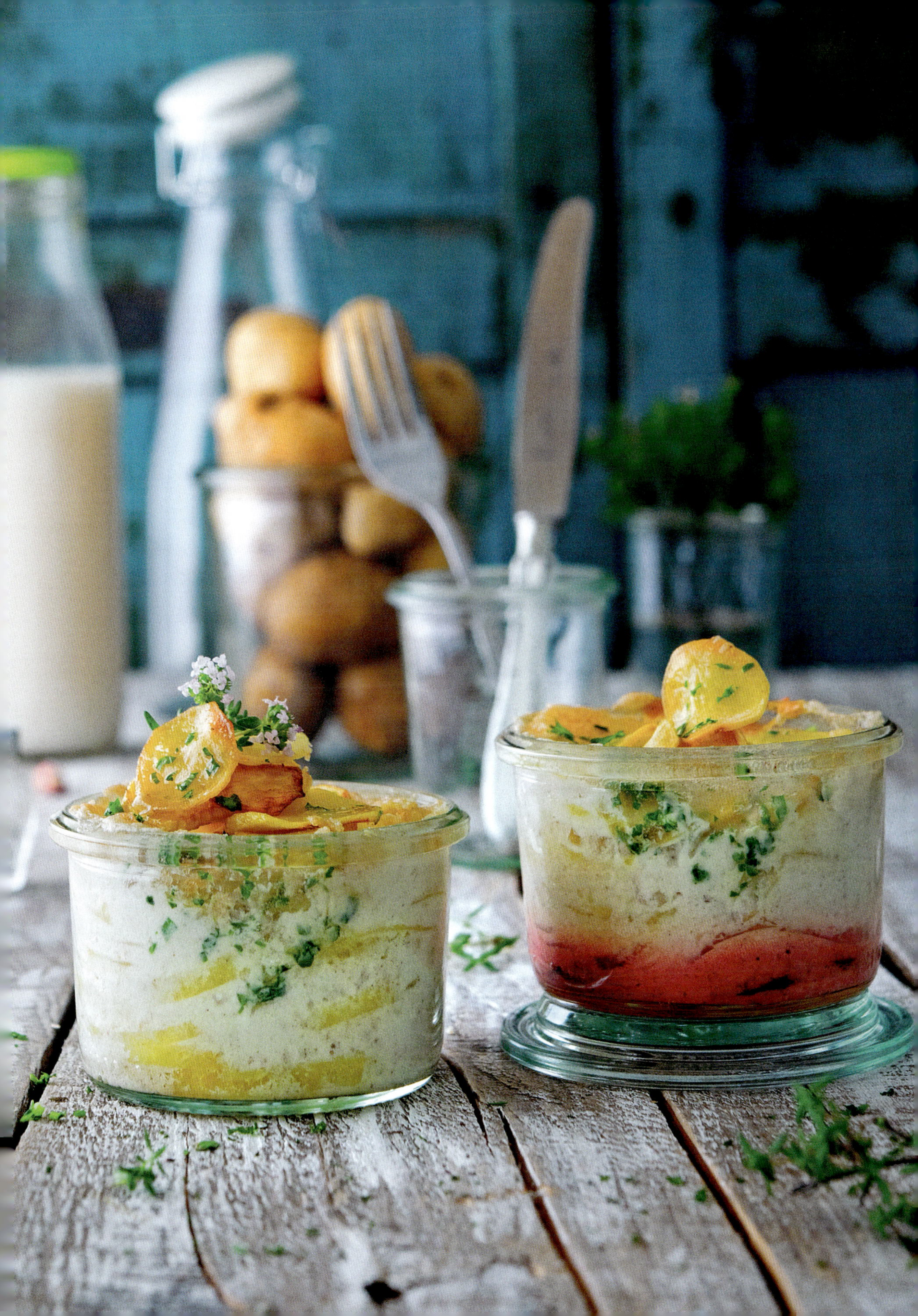

PASTITSIO

Vegetarisch

Das Beste vom Olymp. Pastitsio, Sirtaki tanzen und Ouzo trinken. Bei diesem grandiosen Nudel-Auflauf beschließen wir, auch dieses Jahr wieder nach Griechenland zu reisen.

ZUBEREITUNGSZEIT: 2 ½ STUNDEN | **BACKZEIT:** 30–40 MINUTEN

FÜR 5 PORTIONEN

5 Weck-Sturzgläser à 580 ml oder Auflaufform 18 cm × 25 cm

Dinkelfarce
100 ml Gemüsebrühe
1 Lorbeerblatt
50 g Dinkelschrot
Salz
Pfeffer

Tomaten-Bolognese
50 g Zwiebeln
1 Knoblauchzehe
50 ml Olivenöl
400 g gewürfelte Tomaten (Glas)
1 gestr. TL Salz
2 Msp. Pfeffer oder Chili
1 Lorbeerblatt
½ Topf Basilikum, gehackt

Auflauf
250 g Makkaroni
Salz
Olivenöl für die Gläser
100 g Bergkäse, gerieben

Béchamelsauce
400 ml Milch
30 ml Olivenöl
50 g Mehl
1 Lorbeerblatt
1 gestr. TL Salz
2 Msp. Pfeffer
1 Msp. Muskat
50 g Bergkäse, gerieben
1 Ei

Dekoration
4 Cherrytomaten
Basilikumblätter

ZUBEREITUNG

1. **Für die Dinkelfarce:** In einem Topf Gemüsebrühe mit dem Lorbeerblatt zum Kochen bringen. Dinkelschrot dazugeben und unter Rühren 2–3 Minuten auf kleinster Flamme köcheln lassen. Kräftig abschmecken mit Salz und Pfeffer. Topf mit einem Deckel verschließen, vom Herd nehmen und die Masse mindestens 1 Stunde quellen lassen.

2. **Für die Tomaten-Bolognese:** Zwiebeln und Knoblauch abziehen und fein hacken. Olivenöl in einem Topf erwärmen. Zwiebeln und Knoblauch darin glasig anschwitzen. Tomaten, Salz, Pfeffer, Lorbeerblatt und Basilikum dazugeben und 5 Minuten auf kleiner Flamme köcheln lassen. Dinkelfarce unter die Tomatensauce rühren und nochmals aufkochen.

3. **Für den Auflauf:** Makkaroni in Salzwasser nach Packungsanleitung 7–8 Minuten gar kochen, abgießen und etwas abtropfen lassen. Die Weck-Gläser mit Olivenöl einstreichen. Die Makkaroni einlegen und zwischen die einzelnen Schichten Bergkäse streuen. Auf die letzte Nudelschicht die Dinkel-Tomaten-Sauce verteilen.

4. **Für die Béchamelsauce:** Die Milch erhitzen und an die Seite stellen. In einem Topf das Olivenöl erwärmen, Mehl dazugeben und gut miteinander verrühren. Die heiße Milch unter ständigem Rühren mit einem Schneebesen zufügen und zum Kochen bringen. Lorbeerblatt hinzugeben und mit Salz, Pfeffer und Muskat würzen. Bei schwacher Hitze 1–2 Minuten köcheln lassen und anschließend 2 Minuten abkühlen lassen. Bergkäse und das Ei unter die Béchamelsauce rühren. Backofen auf 160 °C Ober-/Unterhitze vorheizen.

5. Béchamelsauce auf der Dinkel-Tomaten-Sauce verteilen. Im vorgeheizten Backofen 30–40 Minuten backen. Anrichten mit frischen Cherrytomaten und Basilikum.

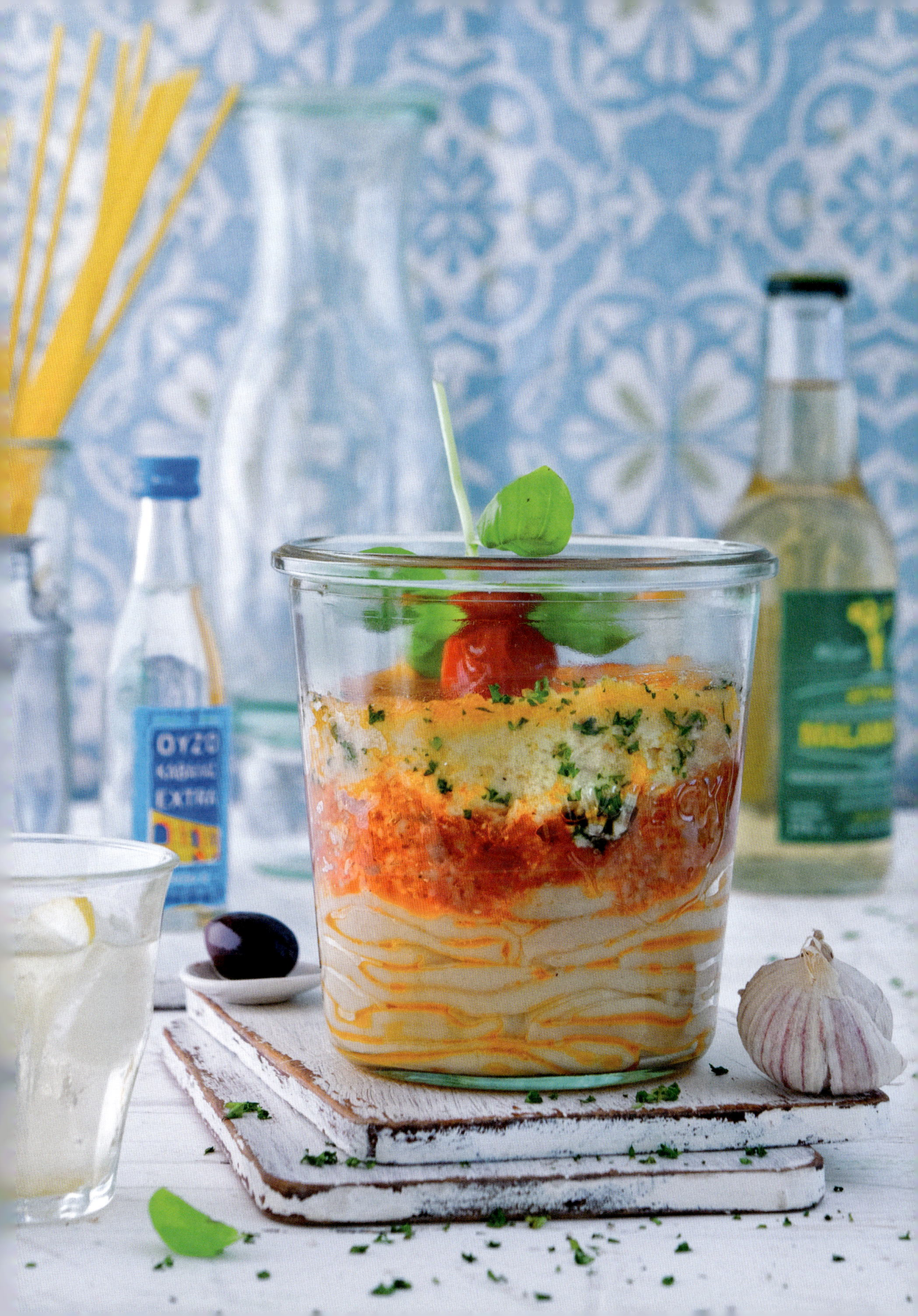

POLENTA MIT CHILI-GEMÜSE UND PIMIENTOS DE PADRÓN

Vegetarisch, vollwertig

Pimientos de Padrón sind kleine grüne Paprika, die in der Umgebung des Ortes Padrón in Galizien gezüchtet und angebaut werden. Der Name bezeichnet gleichzeitig ein zubereitetes regionales Gericht, das aber in nahezu ganz Spanien angeboten wird. In Olivenöl gebraten, mit grobem Meersalz bestreut, als Vorspeise oder Hauptspeisen-Beilage serviert eine kleine Köstlichkeit. In Deutschland sind Pimientos de Padrón auch unter der Bezeichnung »Brat-Paprika« im Handel erhältlich.

ZUBEREITUNGSZEIT: 60 MINUTEN

FÜR 4 PORTIONEN

Weck-Glas nach Wahl

Cremige Polenta
300 g Sahne
300 ml Wasser
1 geh. TL Salz
1 Lorbeerblatt
100 g Polenta
2 geh. EL geriebener Parmesan
2 EL Olivenöl
Pfeffer

Chili-Gemüse
50 g Zwiebeln
50 ml Olivenöl
500 g frische Tomaten oder Dosentomaten
1 rote Paprikaschote
1 kleine rote Chili
1 geh. TL Salz
1 Lorbeerblatt
1 Bund Basilikum, klein gezupft

Pimientos de Padrón
200–300 g Pimientos de Padrón
Olivenöl zum Braten
grobes Salz

ZUBEREITUNG

CREMIGE POLENTA

1. Sahne, Wasser, Salz und das Lorbeerblatt in einem Topf aufkochen. Polenta einrühren und unter ständigem Rühren bei kleiner Hitze 1 Minute kochen. Anschließend den Topf mit einem Deckel verschließen und 10 Minuten quellen lassen. Zwischendurch einmal umrühren.
2. Das Lorbeerblatt entfernen. Parmesan und Olivenöl unterrühren. Wer mag, rührt noch 100–200 g gekochte Maiskörner unter die Mischung. Mit Salz und Pfeffer abschmecken.

CHILI-GEMÜSE

1. Zwiebeln abziehen, in kleine Stücke schneiden und in Olivenöl glasig anschwitzen.
2. Tomaten waschen, in Würfel schneiden und dazugeben.
3. Paprika waschen, entkernen und in 1 cm große Stücke schneiden.
4. Chili klein schneiden. Chili, Paprika, Salz und Lorbeerblatt zur Tomatensauce geben. Auf kleiner Flamme 5 Minuten köcheln lassen. In der letzten Minute das klein gezupfte Basilikum unterrühren.

PIMIENTOS DE PADRÓN

Pimientos waschen und abtrocknen. In einer Pfanne Olivenöl erhitzen. Die Pimientos hinzufügen und etwa 1 Minute anbraten. Mit grobem Salz bestreuen.

INFO

For to go: Polenta, Chili-Gemüse und Pimientos de Padrón getrennt in Weck-Gläser füllen. Im Wasserbad oder im Backofen bei 180 °C erwärmen.

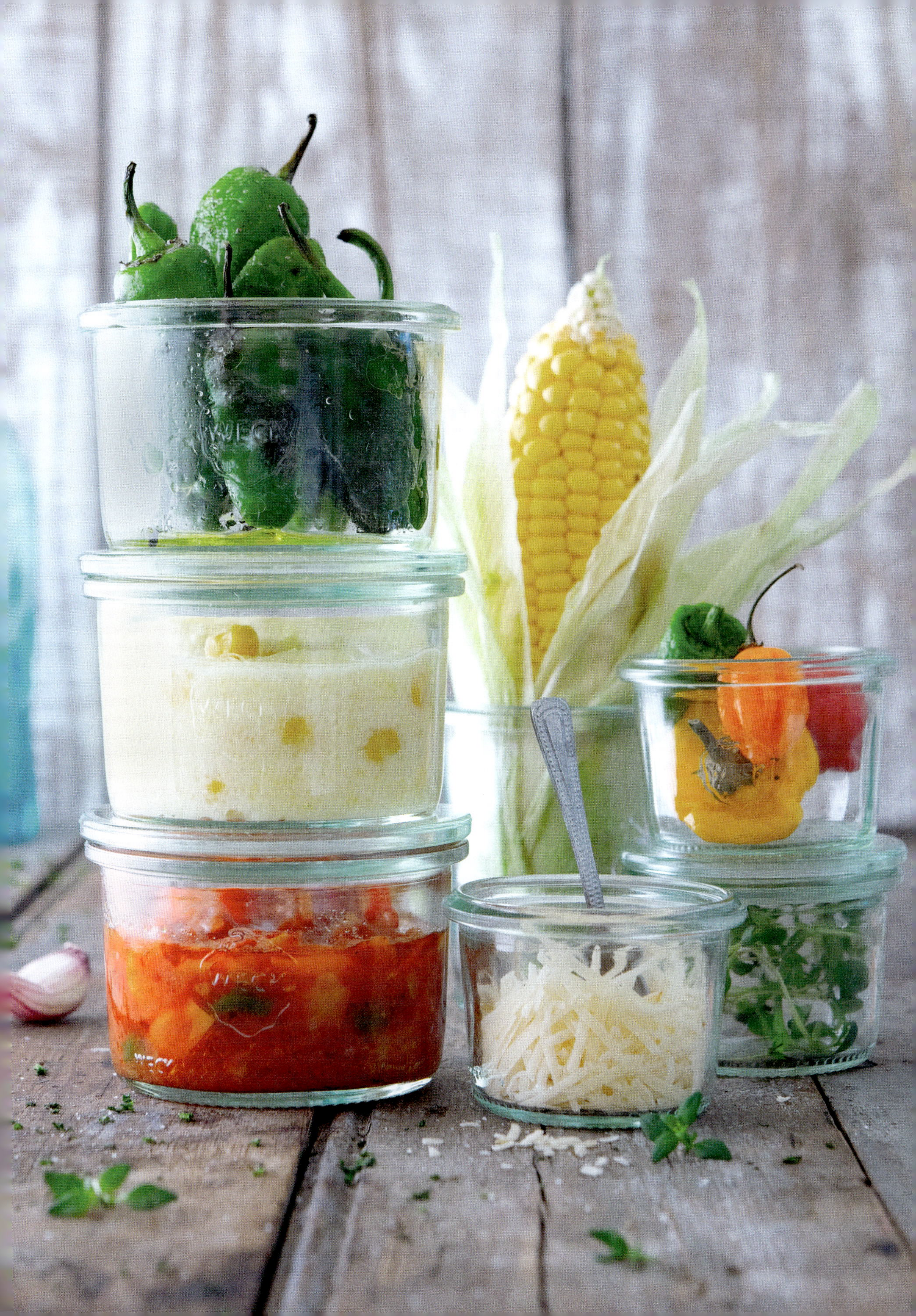
WECK

KÜRBIS-SPINAT-QUICHE MIT GORGONZOLA

Vegetarisch, vollwertig

Eine Quiche für den Frühling, Sommer, Herbst und Winter. Geht also immer. Dazu ein großer Salat, und ein leichter Hauptgang steht auf dem Tisch. Bon Appétit.

ZUBEREITUNGSZEIT: 90 MINUTEN

FÜR 4 STÜCK

Gourmetglas 300 ml

Alternativ zu Weck-Gläsern kann dieses Rezept auch in einer Backform 25 × 30 cm oder einer Springform mit 26 cm zubereitet werden.

Für den Boden
200 g Dinkel-Vollkornmehl plus etwas mehr zum Bearbeiten
½ TL Salz
100 g kühlschrankkalte Butter
50 g eiskalter Wasser
800 g getrocknete Hülsenfrüchte zum Blindbacken

Für die Füllung
300 g frischer Spinat, ergibt ca. 120 g blanchierten Spinat
200 g Hokkaido-Kürbis
50 g Zwiebeln
40 ml Olivenöl
20 g Parmesan
2 Eier
200 g Sahne
1 TL Salz
2 Msp. schwarzer Pfeffer
1 geh. TL frisch gehackter Thymian
1 Msp. gemahlener Muskat
150 g Gorgonzola

ZUBEREITUNG

1. **Für den Boden** in einer Schüssel Mehl und Salz vermengen. Butter in groben Stücken darüberschneiden. Mit den Fingern Mehl und Butter zu einer groben Konsistenz verarbeiten.
2. Das eiskalte Wasser dazugeben und zügig zu einem Teig verkneten. Der Teig sollte marmoriert aussehen.
3. Den Teig in vier gleich große Stücke aufteilen und rund formen. Anschließend die Teigstücke in einem Behälter für mindestens 2 Stunden in den Kühlschrank stellen.
4. Die Teigstücke auf einer mit Mehl bestaubten Arbeitsfläche rund ausrollen. Ø 15 cm. Den Teig in die Weck-Glasform einlegen. Mit den getrockneten Hülsenfrüchten füllen. Im vorgeheizten Backofen bei 180 °C etwa 30 Minuten backen. Nach dem Backen den Boden noch 30 Minuten in der Form abkühlen lassen und dann die Hülsenfrüchte entnehmen. Die Hülsenfrüchte können immer wieder zum Blindbacken benutzt werden. Der Boden bleibt in der Backform.
1. **Für die Füllung** den Spinat waschen und in kochendem Salzwasser blanchieren. Anschließend sofort in eiskaltem Wasser abschrecken. Abtropfen lassen. Gut ausdrücken. Etwas klein schneiden.
2. Kürbis in 1 cm große Stücke schneiden.
3. Zwiebeln abziehen, fein schneiden und in Olivenöl glasig anschwitzen. Backofen auf 180 °C Ober-/Unterhitze vorheizen.
4. Parmesan fein reiben und auf den Böden der Quiche gleichmäßig verteilen. Spinat und Kürbis dazugeben.
5. Eier, Sahne und Zwiebel-Öl-Mix gut miteinander verschlagen. Mit Salz, Pfeffer, Thymian und Muskat würzen. Den Guss über die Kürbis-Spinat-Masse gießen.
6. Quiche im vorgeheizten Backofen auf der mittleren Einschubleiste 35–40 Minuten backen.
7. Den Gorgonzola nach 20 Minuten Backzeit in groben Stücken auf den Quiches verteilen.

INFO
Haltbarkeit im Kühlschrank mindestens 3 Tage. Kann eingefroren werden. Lässt sich im Backofen bei 180 °C gut aufwärmen.

KÜRBISKERN-DINKEL-BRATLINGE

Vegan, vollwertig

Kernige Bratlinge mit viel Kürbiskern-Aroma. Der Berliner würde sagen: »Det is eene knorke Boulette.« In Niedersachsen und im Rheinland sind es Frikadellen, in Süddeutschland Pflanzerl und in Thüringen einfach Klopse. Schmecken tun sie alle als Hauptgericht-Beilage oder als Snack mit Senf oder Ketchup. Aber auch warm und kalt als Brotbelag.

ZUBEREITUNGSZEIT: 90 MINUTEN

FÜR 9–10 STÜCK À 50 G

- 50 g Dinkel
- 50 g Grünkern
- 200 ml Gemüsebrühe
- 1 Lorbeerblatt
- 1 geh. TL Senf für die Brühe
- 50 g Vollkorn-Spaghetti
- Salz
- 30 g Zwiebeln
- 1 Knoblauchzehe
- 1 geh. EL gehackter Rosmarin, Salbei, Thymian
- 100 g Kürbiskerne
- 1 geh. TL Senf
- 1 gestr. TL Salz
- 2 Msp. Pfeffer
- 2 Msp. geriebener Muskat
- 100 ml Olivenöl zum Braten

ZUBEREITUNG

1. Dinkel und Grünkern in einer Getreidemühle, Flocker oder im Küchenmixer grob schroten. Oder geschrotet im Bioladen kaufen.
2. Gemüsebrühe, Lorbeerblatt und Senf in einem Topf zum Kochen bringen. Grünkern-Dinkel-Schrot mit einem Schneebesen zügig unterrühren und auf kleiner Flamme köcheln lassen, bis die Masse anfängt am Topfboden anzusetzen. Topf vom Herd nehmen und mit einem Deckel schließen. Quellen lassen, bis die Masse kalt geworden ist.
3. Spaghetti drei bis vier Mal durchbrechen und 15 Minuten in gesalzenem Wasser kochen. Abgießen und kalt werden lassen.
4. Zwiebeln abziehen und in feine Stücke schneiden. Knoblauch ebenfalls abziehen und fein hacken. Kräuter fein hacken.
5. Kürbiskerne mittelgrob hacken. Die Hälfte davon in einer Pfanne leicht rösten. Die zweite Hälfte wird zum Panieren verwendet.
6. Spaghetti in einem Pürierbecher zu einer dickcremigen Masse pürieren.
7. In einer Schale die Grünkern-Dinkel-Mischung, Spaghetti-Masse, Zwiebeln, Knoblauch, Kräuter, Senf, Salz, Pfeffer, Muskat und gerösteten Kürbiskerne vermengen. Die Masse abschmecken. Bei Bedarf mit Salz und Pfeffer nachwürzen.
8. Mit feuchten Händen die Masse zu Bratlingen à 50 g formen und von beiden Seiten in den nicht gerösteten Kürbiskernen wälzen. Olivenöl in einer Pfanne erhitzen und die Bratlinge von beiden Seiten goldbraun braten.

INFO

1. Gekochte und dann pürierte Pasta (als Ei-Ersatz) verleihen den Bratlingen eine feste Bindung.
2. Haltbarkeit im Kühlschrank etwa 1 Woche. Die Bratlinge lassen sich gut einfrieren.

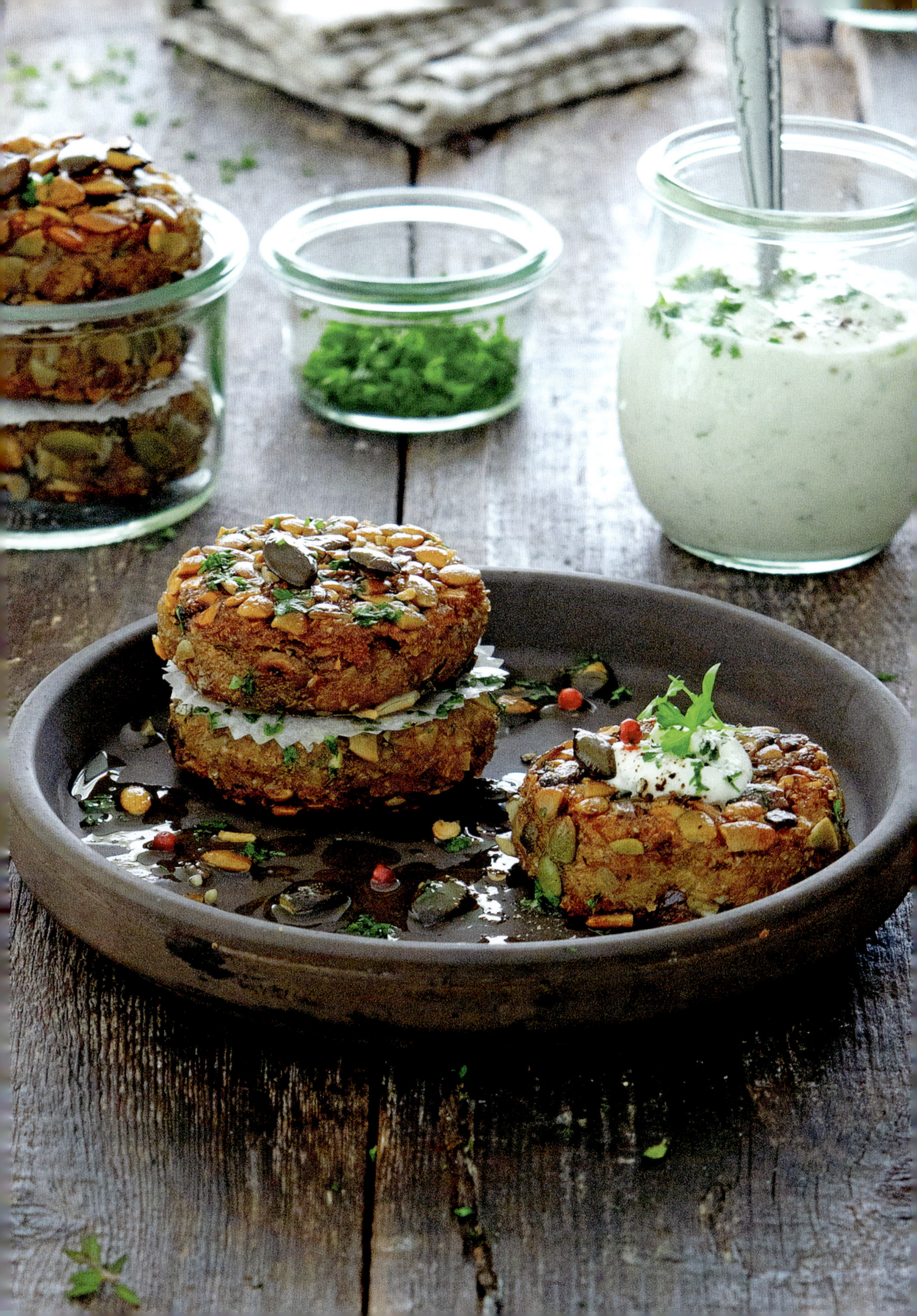

PAPRIKA-TOFU-BRATEN

Vegetarisch

Ein Hauptgericht, das auch kalt als Brotbelag lecker schmeckt und in jeden Picknick-Korb gehört. Hält sich im Kühlschrank 3–4 Tage.

ZUBEREITUNGSZEIT: 90 MINUTEN PLUS 30 MINUTEN BACKZEIT

FÜR 4–6 PORTIONEN

Weck-Sturzgläser nach Wahl

Alternativ
Kastenform 20 cm, mit Backpapier auslegen

600 g Tofu, Natur
100 g Zwiebeln
1 kleine Knoblauchzehe
5 EL Olivenöl
100 g Emmentaler
½ Zitrone
2 Eier
1 gestr. TL Pfeffer
1 geh. TL Salz
50 g rote Paprikaschote
50 g gelbe Paprikaschote
50 g grüne Paprikaschote
2 geh. TL Tomatenmark
1 gestr. TL Kurkuma
2 geh. EL fein gehackte Petersilie
2 EL Olivenöl zum Einfetten der Gläser

ZUBEREITUNG

1. Tofu in ein Sieb legen. Auf den Tofu einen Teller legen. Den Teller mit 1 kg Gewicht (z. B. Milchtüte, Flasche, Mehltüte) beschweren, um das Wasser aus dem Tofu zu pressen. Das Pressen sollte etwa 3 Stunden dauern. Danach den Tofu durch eine Kartoffelpresse in eine Schale drücken. Oder mit einer Reibe fein raspeln.
2. Zwiebeln und Knoblauch abziehen, fein hacken, in Olivenöl kurz glasig anschwitzen und unter die Tofumasse rühren.
3. Emmentaler fein reiben. Die Schale von der Zitrone fein abreiben. Beides unter die Tofumasse rühren.
4. Eier, Pfeffer und Salz hinzufügen und gut miteinander verrühren.
5. Die Masse in drei gleich große Teile (etwa 3 × 270 g) abwiegen.
6. Paprika waschen, putzen, nach Farbe separat klein schneiden und an die Seite stellen.
7. Rote Paprika, Tofu (270 g) und Tomatenmark mit einem Pürierstab cremig mixen. Gelbe Paprika, Tofu (270 g) und Kurkuma cremig mixen. Grüne Paprika, Tofu (270 g) und Petersilie cremig mixen. Backofen auf 180 °C Ober-/Unterhitze vorheizen.
8. Weck-Sturzgläser mit Olivenöl einstreichen. Roten, grünen und gelben Tofu nach Wahl in die Gläser schichten. Dabei die Gläser nach jeder Farbschicht kräftig auf die Arbeitsfläche klopfen. Beim Backen mit Deckel nur bis 3 cm unter dem Rand schichten.
9. Im vorgeheizten Backofen etwa 30 Minuten backen. Anschließend 10 Minuten abkühlen lassen. Den Braten vorsichtig aus den Gläsern stürzen.

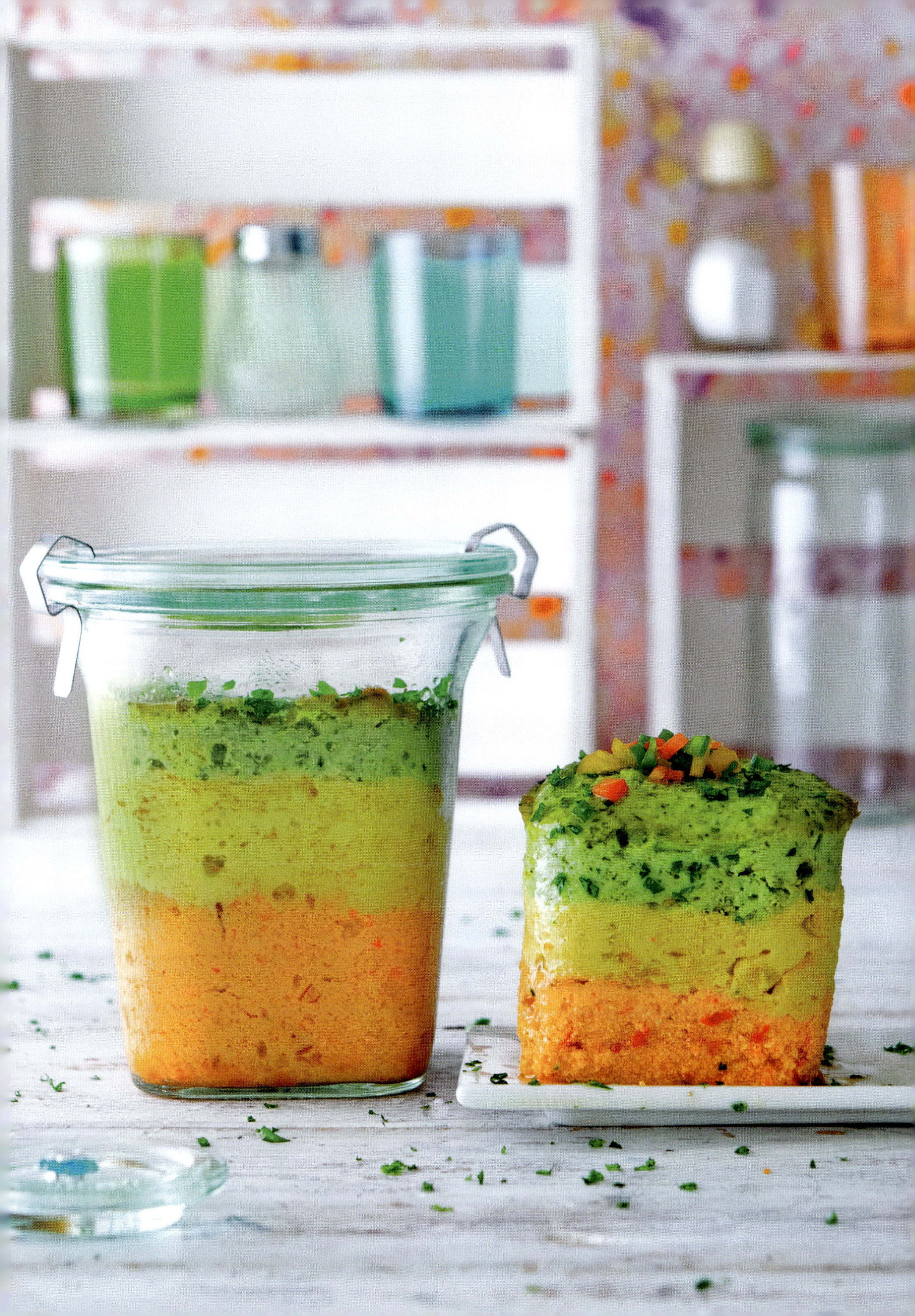

DESSERTS

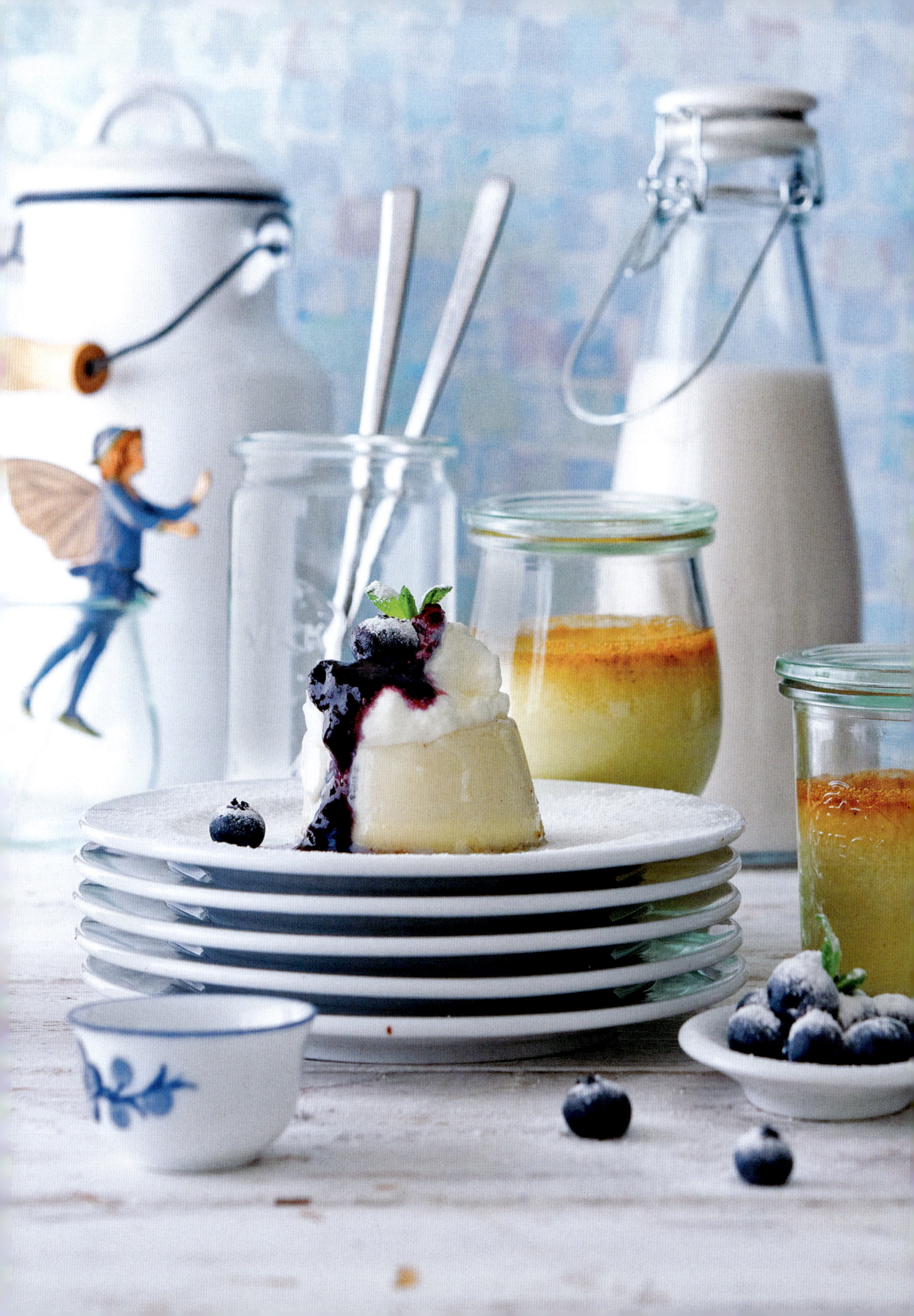

VANILLE-FLAN MIT RHABARBER-INGWER-KOMPOTT

Vegetarisch, vollwertig

Ein Chanson begleitet von einer Sitar. So elegant und leicht ingwerscharf schmeckt indisch-französische Cross-over-Cuisine. Bonsoir, Madame Brigitte Bardot, Bonsoir, Monsieur Ghandi! Vanille-Flan ist ein klassisches Dessert, das mit einem köstlichen Ingwer-Rhabarber-Kompott auf eine ganz neue Stufe gehoben wird. Der Flan ist cremig und süß mit einer intensiven Vanille-Note, während das Kompott mit seiner süßsauren Geschmacksrichtung und der leichten Schärfe des Ingwers eine perfekte Ergänzung dazu bildet. Dieses Dessert ist einfach zuzubereiten und eignet sich perfekt für besondere Anlässe oder ein entspanntes Abendessen zu Hause.

ZUBEREITUNGSZEIT: 60 MINUTEN

FÜR 4 PORTIONEN

Weck-Sturzgläser à 160 ml

Vanille-Flan
80 g Akazienhonig
250 ml Vollmilch
2 Eier
1 Msp. gemahlene Vanille

Rhabarber-Ingwer-Kompott
300 g Rhabarber
25 g Ingwer
100 ml Wasser
150 g Akazienhonig
1 Gewürznelke
¼ Zimtstange
1 Sternanis
1 kleine Rote Bete

ZUBEREITUNG
VANILLE-FLAN

1. Backofen auf 175 °C Ober-/Unterhitze vorheizen.
2. Alle Zutaten gut miteinander verquirlen und gleichmäßig in die vier Gläser füllen.
3. Die Weck-Gläser in eine flache Auflaufform oder in einen Bräter stellen. Die Flan-Masse in die Gläser füllen. Anschließend so viel Wasser in die Auflaufform gießen, dass die Gläser halbhoch im Wasser stehen.
4. Die Auflaufform mit den Gläsern auf dem Herd zum Kochen bringen. Danach im vorgeheizten Backofen 30–45 Minuten garen. Das Wasser darf nun nicht mehr kochen, weil der Flan sonst Luftblasen wirft und seine cremige Konsistenz verliert.
5. Die Gläser aus dem Wasserbad nehmen und kalt werden lassen.
6. Zum Stürzen mit einem scharfen dünnen Messer den Innenrand der Gläser nachziehen. Oder den Flan im Glas mit Rhabarber-Ingwer-Kompott on top servieren.

RHABARBER-INGWER-KOMPOTT

1. Rhabarber waschen und in 3 cm lange Stücke schneiden. Ingwer schälen und in sehr feine Stücke schneiden. Rhabarberstücke mit Wasser, Honig, Nelke, Zimt, Ingwer und Sternanis in einem Topf aufkochen, dann etwa 3 Minuten leicht köcheln lassen.
2. Rote Bete mit Schale in Wasser weich kochen. Das dauert etwa 30 Minuten. Danach die Schale entfernen und die Rote Bete pürieren.
3. Das kalte Kompott mit 1–2 TL Rote-Bete-Püree färben.

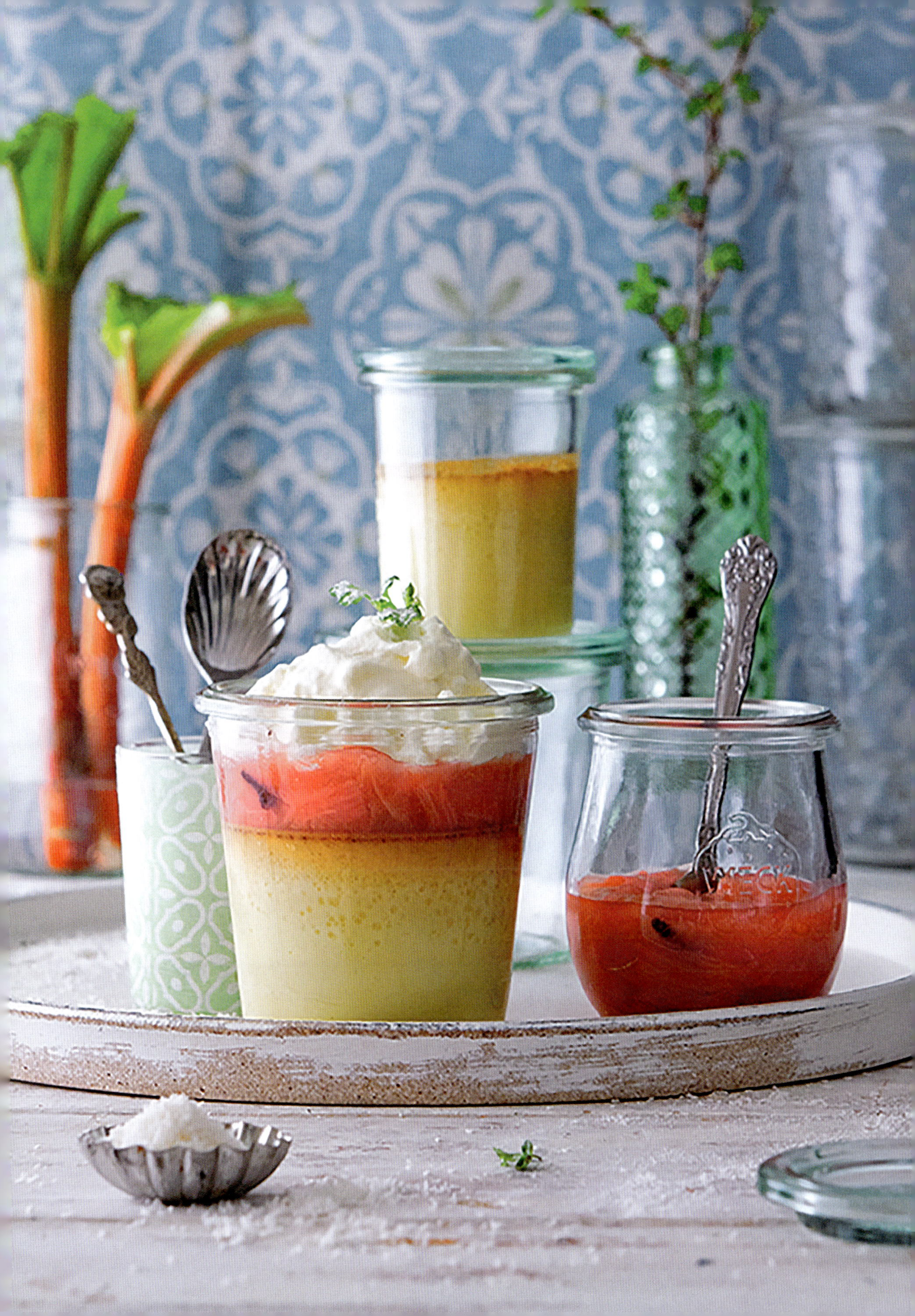
WECK

SCHWARZWÄLDER KIRSCH-TRIFLE

Vegetarisch

Der Schrei der Eule verkündet im dunklen Schwarzwald die Zerstörung einer Torte. Dann ist es Zeit, die Schwarzwälder Torte in Gläsern zu portionieren und als Trifle anzubieten. Als Trifle (Kleinigkeit oder Nichtigkeit) wird eine englische Süßspeise bezeichnet, bestehend aus mehreren Schichten wie z. B. Pudding, Kompott, Biskuit und Schlagsahne.

ZUBEREITUNGSZEIT: 2 STUNDEN

FÜR 4 PORTIONEN

Weck-Sturzglas à 340 ml

Sauerkirschkompott
2 geh. TL Speisestärke, 15 g
150 g Akazienhonig
300 g TK-Sauerkirschen oder frische Kirschen

Biskuit
1 Ei
1 Prise Salz
1 Msp. Vanille
50 g milder Honig
50 g Dinkel-Vollkornmehl
10 g Kakao
½ TL Backpulver
2 EL Milch, Sahne oder Getreidedrink

Schoko-Mürbeteig
35 g Dinkel-Vollkornmehl
25 g gemahlene Mandeln
¼ TL Weinsteinbackpulver
1 Prise Salz
1 Msp. gemahlener Zimt
5 g Kakao
25 g eiskalte Butter
25 g milder fester Honig

Trifle
Sauerkirschkompott
3–5 EL Kirschwasser
75 g Kuvertüre
200 g gut gekühlte Biosahne (32 % Fett)
Biskuit
Schoko-Mürbeteig

ZUBEREITUNG

FÜR DAS KIRSCHKOMPOTT

1. Die Speisestärke in einer Schale mit 2 EL Wasser verrühren.
2. In einem Topf den Honig aufkochen. Die Sauerkirschen dazugeben und 2 Minuten auf kleiner Hitze köcheln lassen.
3. Unter ständigem Rühren zügig die Speisestärke dazugeben. Aufkochen und 2 Minuten köcheln und anschließend abkühlen lassen.

FÜR DEN BISKUIT

1. Ei, Salz, Vanille und Honig in eine Schüssel geben. Mit einem Handrührgerät dickcremig aufschlagen.
2. Mehl, Kakao und Backpulver vermengen. Vorsichtig in drei Schritten unter die Eimasse heben. Dazwischen die Milch hinzufügen. Den Teig in eine mit Backpapier ausgelegte Springform (18 cm) füllen und im auf 180 °C Ober-/Unterhitze vorgeheizten Backofen etwa 20 Minuten backen. Auskühlen lassen. Backpapier abziehen.

FÜR DEN SCHOKO-MÜRBETEIG

1. Mehl, Mandeln, Backpulver, Salz, Zimt und Kakao vermischen.
2. Die kalte Butter darüberschneiden und mit dem Honig zügig zu einem glatten Teig verkneten. Den Teig rund formen, groß wie eine Handfläche, und 1 Stunde im Kühlschrank kalt stellen. Mürbeteig zwischen zwei Blättern Pergamentpapier oder Backpapier auf 18 cm ausrollen.
3. Den Mürbeteig in eine 18-cm-Springform einlegen und im vorgeheizten Backofen 10 Minuten backen. Abkühlen lassen.

FÜR DAS TRIFLE

1. Sauerkirschkompott mit dem Kirschwasser verrühren.
2. Kuvertüre klein hacken. Sahne steif schlagen. Beides vermischen.
3. Den Biskuitboden in Stücke à 1 cm × 1 cm schneiden.
4. Mürbeteig in grobe Stücke brechen.
5. Biskuitstücke, Mürbeteigstücke, Kirschkompott und Sahne-Kuvertüre-Mischung abwechselnd in Gläser schichten.

INFO
Lässt sich gut vorbereiten und einfrieren.

HEIDELBEER-JOGHURT-PARFAIT

Vegetarisch, vollwertig

Wenn der Eismann zweimal klingelt, dann muss man sich beeilen, denn ein drittes Mal klingelt er so gut wie nie. So sagt der Volksmund. Und falls man den Eismann doch mal verpassen sollte, ist es gut zu wissen, wie Eiscreme oder Parfait selbst hergestellt werden kann.

ZUBEREITUNGSZEIT: 60 MINUTEN PLUS 4 STUNDEN GEFRIERZEIT

FÜR 5 PORTIONEN ODER 10 MINI-PORTIONEN

5 Weck-Sturzgläser à 160 ml
5 Eisstiele
oder
10 Weck-Sturzgläser à 80 ml
10 Eisstiele

Heidelbeer-Marmelade
1 geh. TL Speisestärke
2 EL Wasser
100 g Akazienhonig
150 g Heidelbeeren, frisch oder TK

Heidelbeer-Parfait
60 g Akazienhonig
1 Ei
1 Prise Salz
100 g Joghurt
1 geh. TL Zitronenabrieb
200 g Sahne (32 % Fett)
100 g Joghurt (10 % Fett)
Eisstiele

ZUBEREITUNG

HEIDELBEERE-MARMELADE

1. In einem Schälchen die Speisestärke mit 2 EL Wasser verrühren und an die Seite stellen.
2. In einem Topf langsam den Honig zum Kochen bringen. Die Heidelbeeren dazugeben und noch einmal aufkochen. Unter ständigem Rühren die Speisestärke unterrühren und eine weitere Minute bei kleiner Flamme köcheln lassen. Anschließend kalt werden lassen.

HEIDELBEER-PARFAIT

1. Akazienhonig, Ei und Salz in einer Schüssel über Wasserdampf mit einem Schneebesen zu einem dickcremigen Schaum aufschlagen. Anschließend die Schüssel in ein eiskaltes Wasserbad stellen und die Masse kalt schlagen.
2. Joghurt und Zitronenabrieb unter die Masse heben.
3. Sahne steif schlagen und mit einem Schneebesen in drei Schritten sanft unter die Eimasse ziehen.
4. Heidelbeer-Marmelade mit einem Löffel kurz unter die Eismasse heben, sodass eine grobe Marmorierung entsteht.
5. Für Eis am Stiel die Parfait-Masse in die Sturzgläser füllen und in den Eisschrank stellen. Nach 1 Stunde Eisstiele in das Parfait stechen und weitere 4 Stunden gefrieren lassen.

INFO

Alternativ das Parfait in einen Behälter füllen und 4 Stunden im Eisschrank gefrieren lassen. Haltbarkeit im Gefrierschrank 2–3 Wochen.

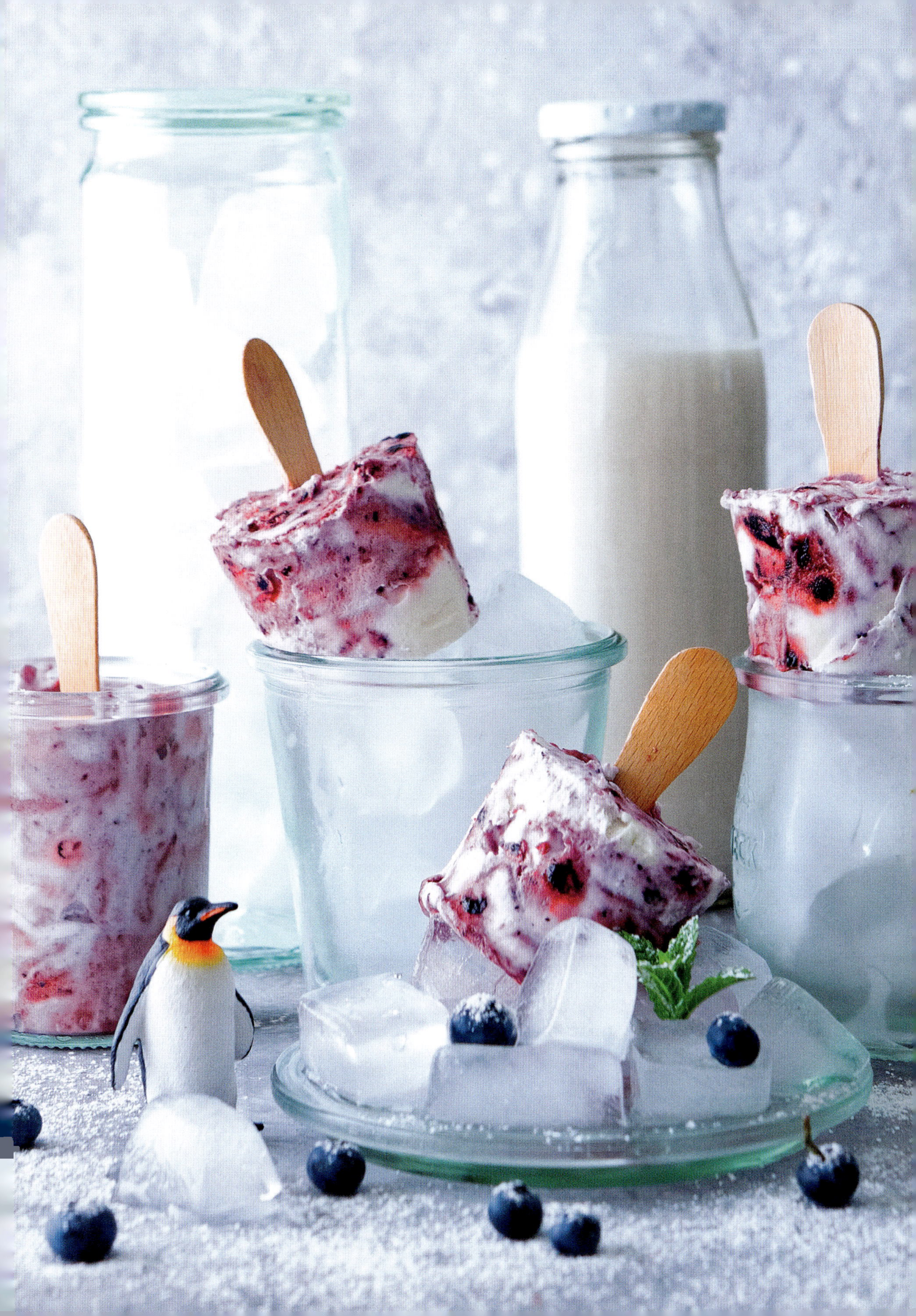

STICKY RICE MIT MANGO UND GRANATAPFEL

Vegetarisch oder vegan

Asiatischer Dessert-Klassiker. Schmeckt kalt und warm. Schmeckt meistens nach mehr und zaubert dabei ein freundliches asiatisches Lächeln ins Gesicht.

ZUBEREITUNGSZEIT: 45 MINUTEN

FÜR 4 PORTIONEN

Weck-Glas nach Wahl

Sticky Rice
200 g Klebreis (erhältlich im Asialaden oder Internet)
400 ml Kokosmilch
1 Msp. Salz
50 g Medjool-Datteln oder Akazienhonig
1 TL Speisestärke (optional)
2 reife Mangos
1 Granatapfel

ZUBEREITUNG

1. Reis in eine große Schale geben. Reichlich kaltes Wasser hinzufügen und 2–3 Minuten waschen. Anschließend das Wasser durch ein Sieb abgießen. Diesen Vorgang noch zwei Mal wiederholen.
2. Den Reis zurück in die Schüssel geben und mit Wasser bedecken. Das Wasser sollte eine halbe Fingerkuppe hoch über dem Reis stehen. Über Nacht einweichen. Am nächsten Tag den Reis durch ein Sieb geben und das Wasser abgießen.
3. Das Sieb zum Dämpfen in einen Topf mit kochendem Wasser hängen. Zwischen Sieb und Wasserstand sollten mindestens 5 cm Leerraum stehen. Deckel auflegen. Nach 20 Minuten den Reis mit einem Gummischaber leicht lösen. Anschließend den Reis als Ganzes auf einen Teller stürzen. Gewendet in das Sieb zurückgeben. Deckel wieder auflegen und nochmals 10 Minuten dämpfen. Nach dem Dämpfen den Reis in eine Schale geben.
4. Während der Reis gedämpft wird, die Kokosmilch und Salz erwärmen. Mit einem Pürierstab homogen mixen. Datteln entsteinen, fein hacken, zur Kokosmilch geben und fein pürieren. Falls die Kokosmilch sehr dünn ist, etwas Speisestärke mit 2 EL kaltem Wasser verrühren und langsam unter die kochende Kokosmilch rühren. Die Konsistenz sollte leicht sämig sein.
5. Die Hälfte der Kokosmilch mit dem gedämpften Reis mischen. Die Schüssel abdecken und den Reis 10 Minuten ruhen lassen.
6. Mangos schälen und das Fruchtfleisch in Würfel à 1 cm × 1 cm schneiden. Die Kerne aus dem Granatapfel lösen. Reis, Mango, Granatapfelkerne und die restliche Kokosmilch in Gläser schichten. Mit Coconut-Crunch bestreuen.

INFO

Haltbarkeit im Kühlschrank 3 Tage.

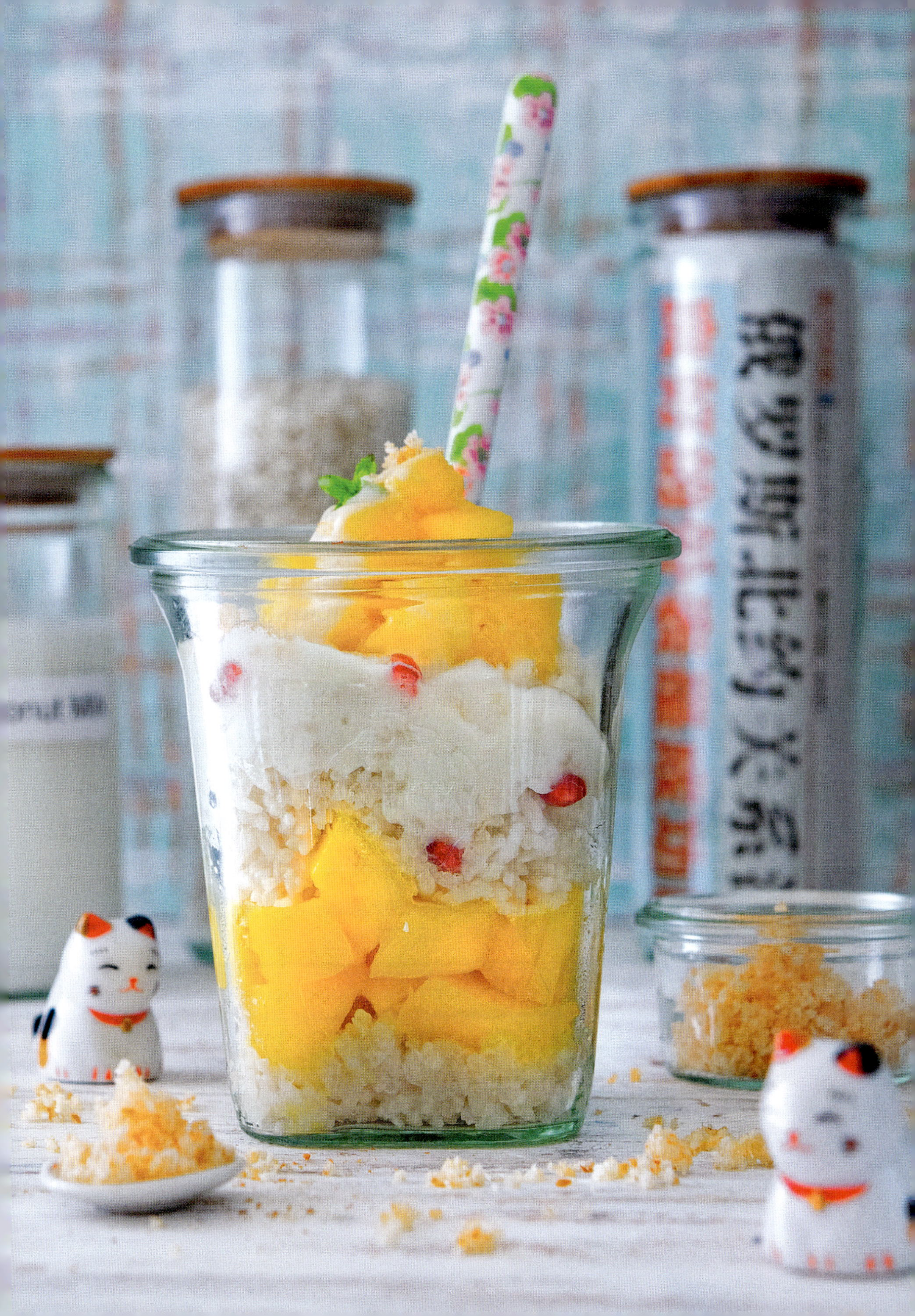

CAFÉ-MOUSSE AU CHOCOLAT

Vegan

Sechs Portionen großes Schokoglück. Für zu Hause, zum Büfett oder als süßes Mitbringsel für Freunde und Feinde.

ZUBEREITUNGSZEIT: **30 MINUTEN, KÜHLSCHRANKZEIT 2 STUNDEN**

FÜR 6 PORTIONEN À 100 G

6 Weck-Rundgläser à 220 ml

150 g dunkle Kuvertüre
100 g Medjool-Datteln
400 g Seidentofu
3 geh. TL Instant-Kaffee oder Instant-Getreidekaffee
1 Prise Salz
2 Msp. Vanillemark

ZUBEREITUNG

1. Kuvertüre grob hacken, in eine Schüssel geben und über einem heißen Wasserbad schmelzen.
2. Datteln entkernen und fein hacken. Anschließend die Datteln, Seidentofu, Instant-Kaffee, Salz und Vanille in einem Mixer cremig-fein pürieren. Zum Schluss die Kuvertüre unterpürieren.
3. Die Masse in eine Schüssel geben oder portionsweise in kleine Gläser abfüllen und im Kühlschrank 2 Stunden fest werden lassen.

INFO

1. Besonders feincremig wird die Mousse, wenn sie mit einem Hochleistungsmixer püriert wird.
2. Wer es noch cremiger mag, serviert die Mousse mit veganer Schlagsahne on top.
3. Haltbarkeit im Kühlschrank etwa 5 Tage.

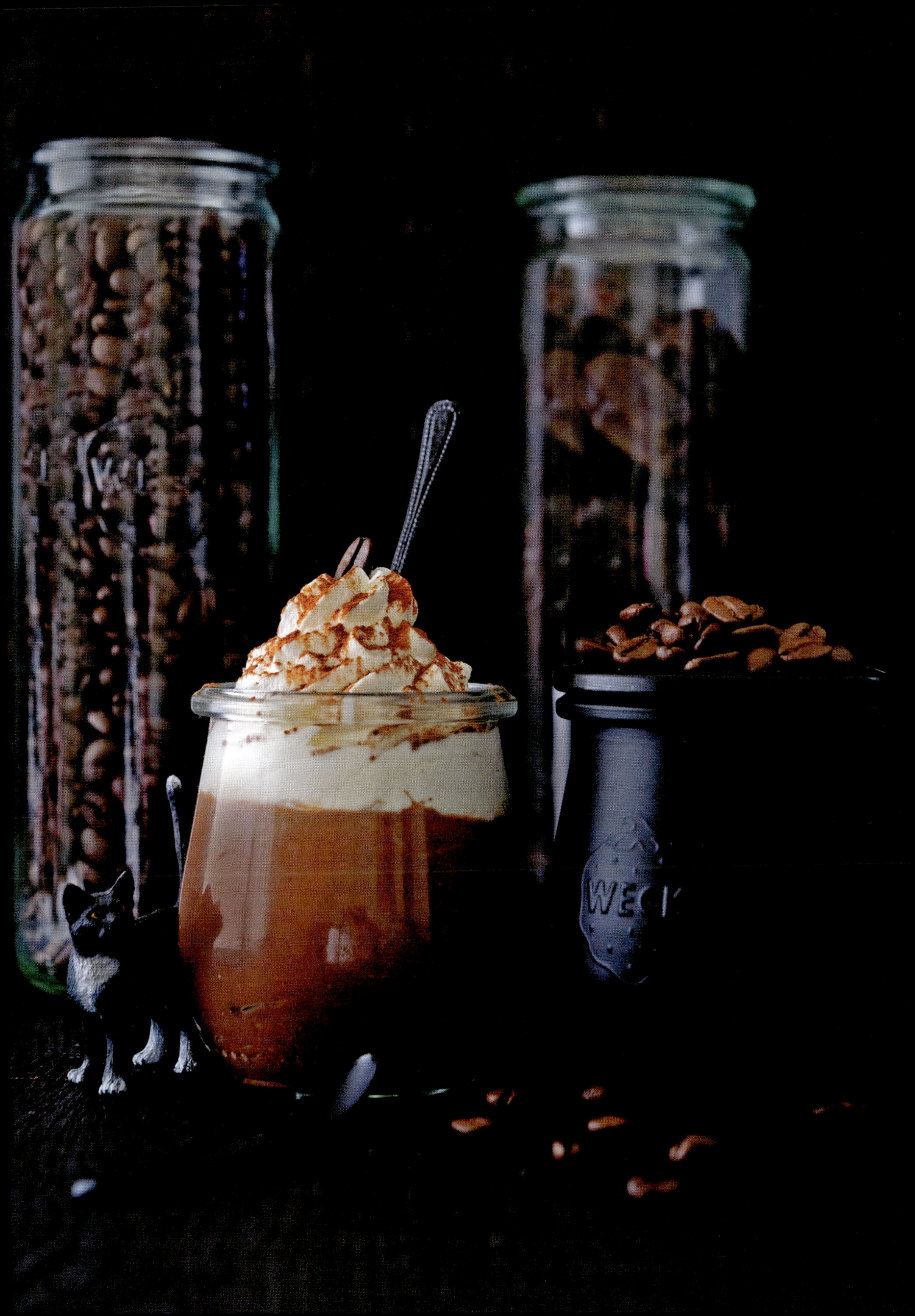
WEC

STACHELBEER-BAISER

Vegetarisch, vollwertig

Dieser Kuchen lässt sich hervorragend in Weck-Gläsern backen. Aber Vorsicht! Im Spätsommer, wenn die Wespen wild auf Süßes sind und das Stachelbeer-Baiser auf dem gedeckten Gartentisch steht, müssen wir, bevor Frau Wespe sich zum Kaffeeklatsch einlädt, beim Kuchenessen schnell sein. Oder wir schlemmen im Haus bei geschlossenen Fenstern. Schwierig. Im Sommer wollen wir doch alle draußen essen.

ZUBEREITUNGSZEIT: **60 MINUTEN**

FÜR 3–6 PORTIONEN

3 Weck-Gourmetgläser à 300 ml
Alternativ 18-cm-Springform

Für die doppelte Menge
26-cm-Springform

60 g Butter
1 Ei
70 g gemahlene Mandeln, vorzugsweise geröstete
90 g Dinkel-Vollkornmehl
½ TL Backpulver
1 Msp. gemahlener Zimt
1 Msp. gemahlene Vanille
75 g fester milder Honig
200 g Stachelbeeren
1 Prise Salz
25 g flüssiger Honig für das Baiser
1 EL Olivenöl zum Einfetten der Gläser

ZUBEREITUNG

1. Die Gläser mit einem Pinsel einölen. Backofen auf 180 °C Ober-/Unterhitze vorheizen.
2. Die Butter in einem kleinen Topf flüssig werden lassen. Nicht kochen!
3. Das Ei in Eiweiß und Eigelb trennen.
4. Mandeln, Mehl, Backpulver, Zimt und Vanille in einer Schüssel verrühren. Anschließend Honig, Butter und das Eigelb hinzufügen und miteinander vermengen.
5. Den Teig in drei gleich große Teile (à 100 g) portionieren und in die Gläser geben. Die Stachelbeeren waschen und mit einem Küchentuch trocknen. Den harten Stiel abschneiden. Die Spitze kann dranbleiben. Danach die Stachelbeeren auf die drei Teige verteilen. Die Torteletts auf der mittleren Schiene im vorgeheizten Backofen etwa 20 Minuten backen.
6. Das Eiweiß mit 1 Prise Salz und Honig 5 Minuten steif schlagen.
7. Die Torteletts aus dem Ofen holen, das Eiweiß darauf gleichmäßig verteilen und weitere 20 Minuten backen. Falls das Baiser nach der halben Backzeit schon hellbraun geworden ist, ein Backblech über die Torteletts stellen.
8. Nach dem Backen die Torteletts 10 Minuten abkühlen lassen. Mit einem kleinen scharfen Messer am Rand der Torteletts entlangziehen. Vorsichtig kopfüber auf einen kleinen Teller kippen, das Backpapier entfernen, anschließend mit dem Baiser nach oben auf einen Kuchenteller setzen.

INFO

Wer eine ordentlich dicke Baiserhaube haben möchte, nimmt statt einem Eiweiß zwei Stück. Das verbleibende Eigelb haben wir dann z. B. als Rührei zubereitet.

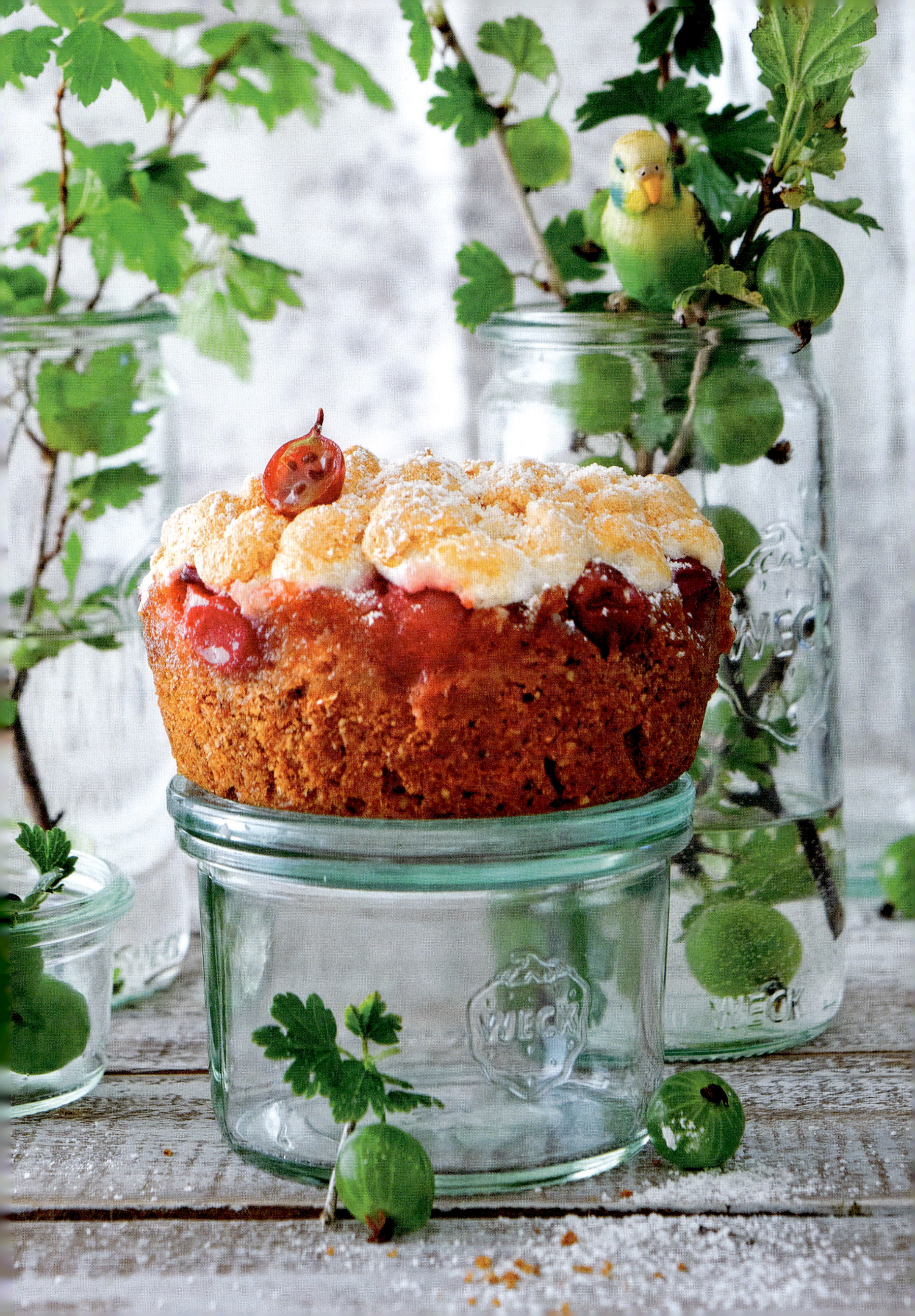
WECK
WECK

WEIHNACHTEN

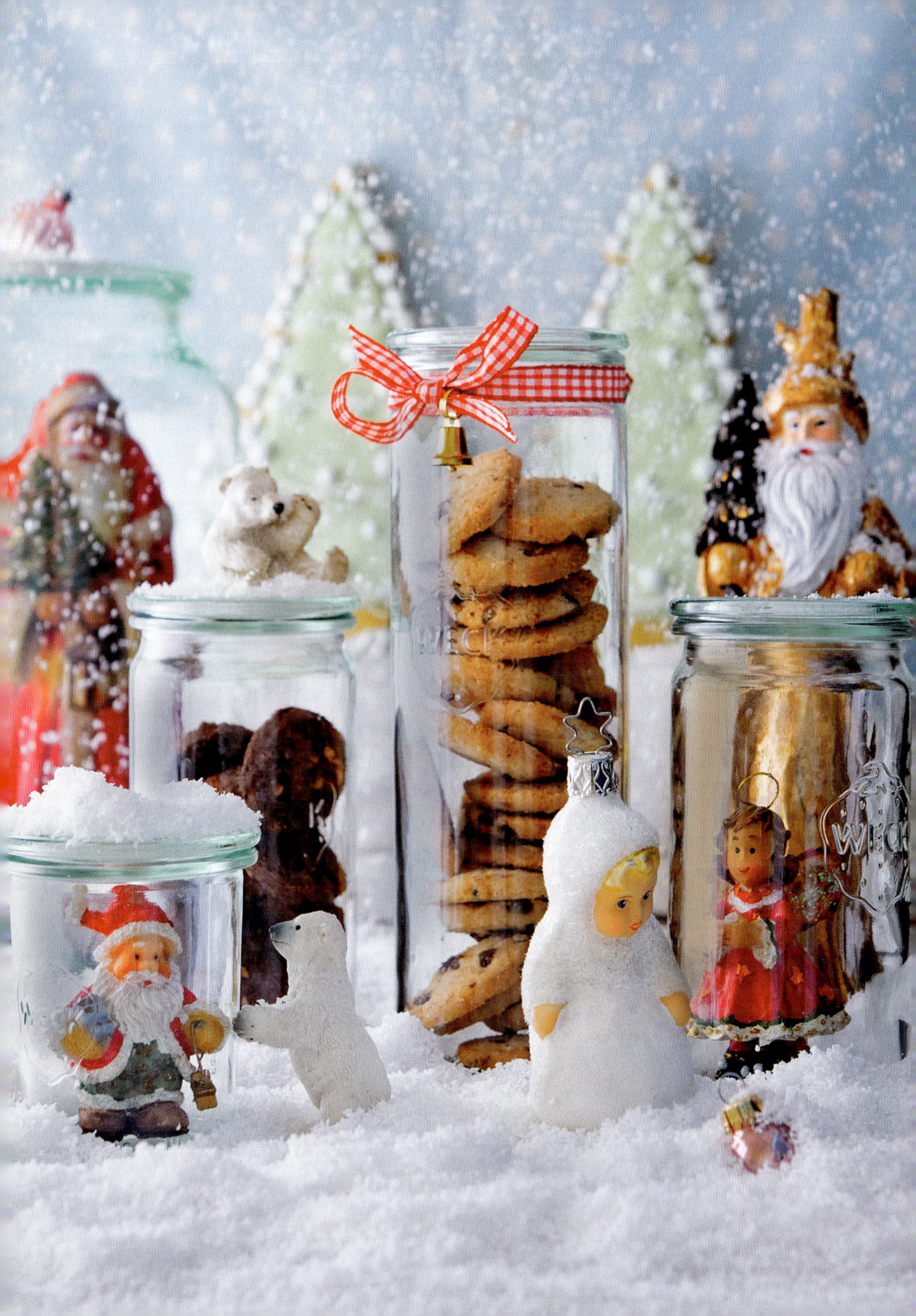
WECK

CRANBERRY-BUCHWEIZEN-TORTELETTS

Vegetarisch, vollwertig

Ein Weihnachtsdessert der S-Klasse. Rasant, sahnig, fruchtig.

ZUBEREITUNGSZEIT: 2 STUNDEN

FÜR 6 TORTELETTS

Oder für eine 18-cm-Springform, hier den Boden zwei Mal mittig durchschneiden und alle Schnittflächen mit Marmelade bestreichen.

Buchweizen-Biskuit
2 Eier
80 g fester milder Honig
2 Msp. gemahlene Vanille
80 g Buchweizenmehl
50 g gemahlene Haselnüsse, geröstet
5 g geriebene Bittermandeln
1 gestr. TL Backpulver

1 TL weiche Butter zum Einfetten der Gläser
Backpapier

Cranberry-Marmelade
150 g Honig
200 g frische Cranberrys
½ Zimtstange
1 Sternanis
1 Nelke
1 geh. TL Orangenschalenabrieb

Füllung und Topping
250 g Sahne (32 %)
50 g Cranberrys zum Dekorieren
20 g Honig

ZUBEREITUNG

1. Aus einem Stück Backpapier sechs Kreise ausschneiden, die den Boden der Gläser bedecken. Den Boden und die Seitenwände mit Butter (Zimmertemperatur) einpinseln. Das Backpapier einlegen und die Gläser an die Seite stellen. Den Backofen auf 180 °C Ober-/Unterhitze vorheizen.
2. Für den Buchweizen-Biskuit Eier, Honig und Vanille auf höchster Stufe in einer Rührschüssel 5 Minuten dickcremig aufschlagen.
3. Buchweizenmehl, Haselnüsse, Bittermandel und Backpulver vermengen und in drei Schritten mit einem Teigspatel vorsichtig unter die Eimasse heben.
4. Mit einem Löffel in jedes Glas 50 g Teig einfüllen. Auf der mittleren Schiene im vorgeheizten Backofen 20–25 Minuten backen. Anschließend die Gläser 10 Minuten abkühlen lassen. Mit einer dünnen Messerklinge am Innenrand der Gläser entlangziehen und die Torteletts herausstürzen. Vollständig abkühlen lassen.
5. Für die Cranberry-Marmelade den Honig in einem Topf zum Kochen bringen.
6. Cranberrys, Zimt, Sternanis, Nelken und Orangenschale hinzufügen. 3–5 Minuten leicht köcheln lassen. Ab und zu umrühren. Kalt werden lassen. Zimtstange, Nelke und Sternanis entfernen.
7. Für die Füllung die Sahne steif schlagen.
8. Die abgekühlten Torteletts in der Mitte durchschneiden. Auf beide Schnittflächen jeweils 20 g Cranberry-Marmelade geben und gleichmäßig verteilen. Anschließend 20 g Sahne auf den mit Marmelade bestrichenen Boden geben und den bestrichenen Deckel darüberlegen. Den Deckel andrücken, bis an den Seiten etwas Sahne herausquillt. Die herausgetretene Sahne mit einem Messer rundum verstreichen.
9. Die restliche Sahne mit 50 g Cranberry-Marmelade verrühren und die Torteletts damit einstreichen.
10. 20 g Honig erhitzen. 50 g Cranberrys darin 30 Sekunden erhitzen. Abkühlen lassen. Die Torteletts damit dekorieren.

INFO

Die Torteletts schmecken am besten, wenn diese einen Tag im Kühlschrank gelagert haben. Können gut eingefroren werden.

HIMBEER-DOMINASTEINE

Vegetarisch

Große Dominasteine, ohne Gelatine, mit Agar-Agar hergestellt. Etwas aufwendig, aber superlecker.

ZUBEREITUNGSZEIT: 3 STUNDEN PLUS BACK-, RUHE- UND KÜHLZEIT PLUS 1 TAG VORBEREITUNG

FÜR 12 STÜCK

12 Weck-Sturzgläser à 80 ml

Lebkuchen
130 g Dinkel-Vollkornmehl
½ TL Natron
1 TL Lebkuchengewürz
½ TL Kakao
1 Prise Salz
60 g fester milder Honig
30 ml Olivenöl
½ Ei (25 g)*

Himbeer-Gelee
200 ml Wasser
200 g Himbeeren
100 g milder Honig
4 g Agar-Agar
4 EL Himbeergeist

* Ein ganzes Ei ohne Schale in ein Glas geben und verschließen. Kräftig schütteln und die Hälfte für den Teig verwenden.

Herstellung
Lebkuchen
Himbeer-Gelee
180 g Honigmarzipan
200 g dunkle oder weiße Kuvertüre
12 Holzspieße

ZUBEREITUNG

FÜR DEN LEBKUCHEN

1. Mehl, Natron, Lebkuchengewürz, Kakao und Salz gut miteinander vermengen.
2. Honig, Öl und Ei hinzufügen und mithilfe eines Löffels zu einem homogenen Teig verarbeiten. Abdecken und im Kühlschrank 3 Stunden ruhen lassen. Backofen auf 180 °C Ober-/Unterhitze vorheizen.
3. Den Teig zu 12 Kugeln à 15 g Kugeln formen. Anschließend mit den Fingern leicht platt drücken, passgerecht in die Weck-Gläser einlegen und im vorgeheizten Backofen etwa 8 Minuten backen. Abkühlen lassen. Lebkuchen kurz aus der Form lösen und anschließend wieder einlegen.

FÜR DAS HIMBEER-GELEE

1. Wasser und Himbeeren in einem Topf miteinander verrühren und aufkochen. Abkühlen lassen. Anschließend durch ein feines Sieb passieren. Die Kerne entsorgen.
2. Himbeersaft, Honig und Agar-Agar in einem Topf verrühren. Aufkochen. Dabei oft umrühren und 2 Minuten köcheln lassen. Abkühlen lassen. Himbeergeist unterrühren. Immer wieder umrühren, bis die Masse anfängt zu gelieren. Das geht bei Agar-Agar oft von einer Minute zur anderen.

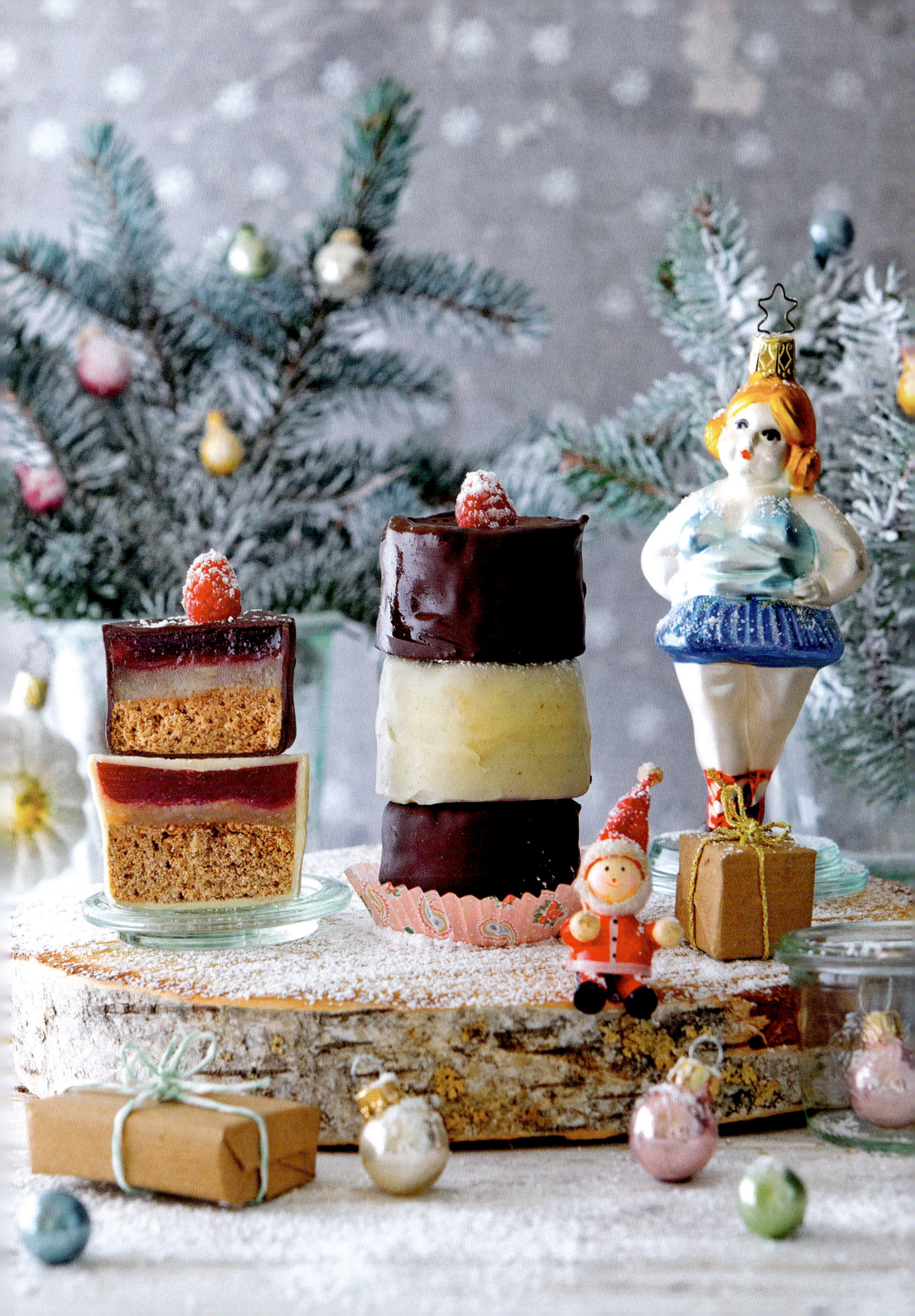

Herstellung
Lebkuchen
Himbeer-Gelee
180 g Honigmarzipan
200 g dunkle oder weiße
    Kuvertüre
12 Holzspieße

FÜR DIE HERSTELLUNG

1. Marzipan zu 12 Kugeln à 15 g portionieren. Flach drücken und auf die gebackenen Lebkuchen im Weck-Glas legen. Gleichmäßig verteilen. Fest an den Glasrand drücken, damit das Gelee später nicht nach unten fließen kann, dann kalt stellen.
2. Pro Glas 2 EL Himbeer-Gelee auf das Marzipan geben. Gläser für 2 Stunden in den Kühlschrank stellen.
3. Kuvertüre klein hacken und in einen hitzebeständigen Behälter (Ø 8–12 cm hoch) geben. Den Behälter in siedendes Wasser stellen und die Kuvertüre darin zum Schmelzen bringen. Beim Schmelzvorgang ist eine Temperatur von 32–37 °C einzuhalten. Wird es wärmer, verbrennt die Kuvertüre und wird nach dem Trocknen matt und grau.
4. Mit einem Messer mit dünner Klinge am Rand der Weck-Gläser entlangziehen und die Dominasteine aus dem Glas entnehmen.
5. Dominasteine mit einem Holzstäbchen aufspießen und kurz in die Kuvertüre eintauchen, sodass alle Seiten mit Schokolade ummantelt sind. Gut abtropfen lassen. Die Spieße vorsichtig in einen weiteren Kaffeebecher oder ein Glas zum Trocknen stellen.
7. Dominasteine kühl und trocken in großen verschlossenen Weck-Gläsern lagern. Haltbarkeit 1–2 Monate.

TONKABOHNEN-WEIHNACHTSBAUM

Vegetarisch, vollwertig

Gestern habe ich den Weihnachtsmann getroffen. Er hat mir verraten, was er als Weihnachtsdessert empfiehlt. So wie damals sollte es sein. Doch auch ein wenig anders. Etwas moderner. Ein Tonkabohnen-Weihnachtsbaum. Hohoho. Vielen Dank, Herr Weihnachtsmann, den backt unser Udo nun auch.

ZUBEREITUNGSZEIT: 90 MINUTEN

FÜR 4 WEIHNACHTS-BÄUME

4 Weck-Sturzgläser à 160 ml

Biskuit
1 Ei
1 Msp. gemahlene Vanille
50 g fester milder Honig
50 g Dinkel-Vollkornmehl
1 gestr. TL Backpulver
1 TL Butter zum Einfetten der Gläser
Backpapier

Weihnachts-Cookies (10 Stück)
35 g Dinkel-Vollkornmehl
25 g gemahlene Mandeln
¼ TL Weinsteinbackpulver
1 Prise Salz
1 TL Lebkuchengewürz
5 g Kakao
25 g eiskalte Butter
25 g milder fester Honig

ZUBEREITUNG
BISKUIT

1. Aus einem Stück Backpapier neun Kreise ausschneiden, die den Boden der Gläser bedecken. Den Boden und die Seitenwände mit Butter (Zimmertemperatur) einpinseln und das Backpapier einlegen. Backofen auf 180 °C Ober-/Unterhitze vorheizen.
2. Das Ei und die Vanille auf höchster Stufe in einer Rührschüssel mit einem Handrührgerät 2 Minuten leicht aufschlagen. Anschließend den Honig hinzufügen und weitere 3 Minuten schlagen, bis die Masse dickcremig geworden ist.
3. Dinkelmehl und Backpulver vermengen. In drei Schritten mit einem Teigspatel vorsichtig unter die Eimasse heben.
4. Mit einem Löffel in jedes Glas 30 g Teig einfüllen. Auf der mittleren Schiene im vorgeheizten Backofen etwa 20 Minuten backen. Anschließend 10 Minuten abkühlen lassen. Mit einer dünnen Messerklinge am Innenrand der Gläser entlangziehen und die Biskuits herausstürzen. Vollständig abkühlen lassen.

WEIHNACHTS-COOKIES

1. Mehl, Mandeln, Backpulver, Salz, Lebkuchengewürz und Kakao miteinander verrühren.
2. Die kalte Butter darüberschneiden, mit dem Honig dazugeben und zügig zu einem glatten Teig verkneten.
3. Den Teig rund formen, groß wie eine Handfläche, und etwa 1 Stunde im Kühlschrank kalt stellen.
4. Den Teig zwischen zwei Blättern Pergamentpapier dünn ausrollen und neun runde Kreise von etwa 7 cm Durchmesser ausstechen. Die Cookies auf ein mit Backpier ausgelegtes Backblech legen und im vorgeheizten Backofen etwa 10 Minuten backen. Danach auf einem Gitter auskühlen lassen.

Tonkabohnen-Marzipan-Creme
130 g Honigmarzipan
2 EL Rosenwasser
3 EL Kirschwasser
1 Tonkabohne

Weihnachtsbäume
200 g Sahne
4 geh. TL grüne Pistazienkerne,
    fein gehackt

TONKABOHNEN-MARZIPAN-CREME

1. Marzipan, Rosenwasser und Kirschwasser cremig pürieren.
2. Tonkabohne fein reiben und nach Geschmack unter die Marzipancreme rühren.

WEIHNACHTSBÄUME

1. Sahne steif schlagen und den Biskuit in drei gleich große Teile schneiden.
2. Weihnachts-Cookies mit je 1 geh. TL Marzipancreme bestreichen. Darauf eine Scheibe Biskuit setzen und mit 1 geh. TL Marzipancreme bestreichen. Darauf die zweite Scheibe setzen und mit 1 geh. TL Marzipancreme bestreichen. Darauf die dritte Scheibe aufsetzen.
3. Den Turm mit Sahne einstreichen, sodass eine Weihnachtsbaum-Form entsteht. Von allen Seiten mit Pistazien bestreuen. Wer mag, kann auch noch kleine bunte Perlen oder Granatapfelkerne anlegen.

INFO

Den Weihnachtsbaum auf einen Dessert-Teller setzen und ein 1-l-Weck-Rundglas darüberstülpen. Das Glas von außen dekorieren. Mit Puderzucker, Tanne, Weihnachtsschmuck. Everything goes.

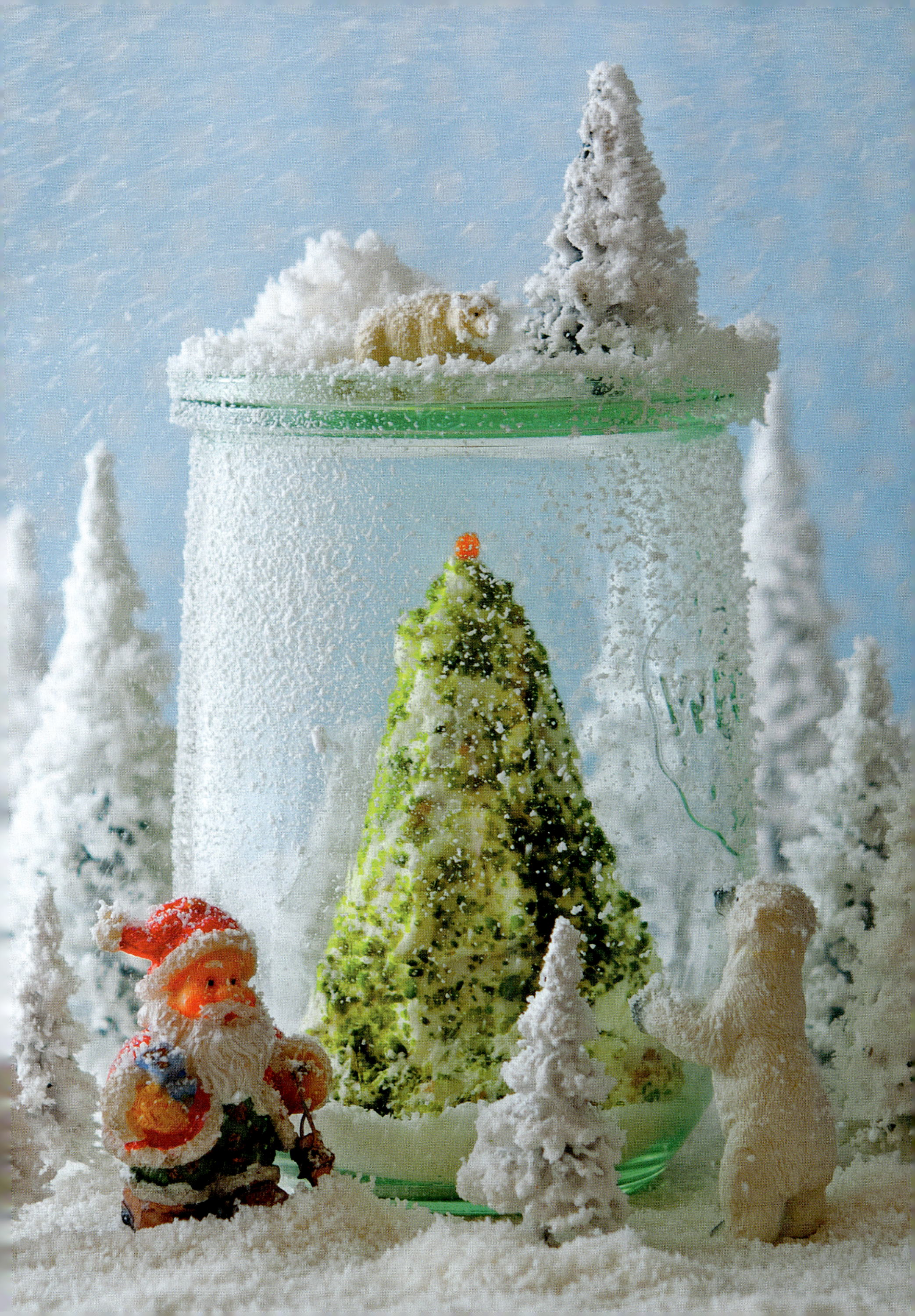

SCHOKO-MANDEL-CANTUCCINI MIT ANIS

Vegetarisch

Italienischer Knusper-Knabber-Keks mit herzhaften Anis-Aromen, der nicht nur zur Weihnachtszeit mit einem spannenden Buch im Bett wie verrückt krümelt.

ZUBEREITUNGSZEIT: **90 MINUTEN**

FÜR 30–40 STÜCK

80 g Kuvertüre (70 %)
30 g Butter
250 g Dinkel-Vollkornmehl plus etwas mehr zum Bearbeiten
1 TL Backpulver
1 EL Kakao
150 g fester milder Honig
2 Msp. gemahlene Vanille
1 Prise Salz
2 Eier
2–4 geh. TL Anis-Samen
180 g Mandeln, ungeschält

zum Lagern Weck-Glas mit Deckel nach Wahl

ZUBEREITUNG

1. Kuvertüre klein hacken und mit der Butter in einer Tasse im Wasserbad schmelzen. Abkühlen lassen.
2. Mehl, Backpulver und Kakao in eine Schüssel sieben.
3. Honig, Vanille, Salz, Eier, Anis-Samen und Kuvertüre hinzufügen und zu einem glatten Teig verkneten.
4. Backofen auf 180 °C Ober-/Unterhitze vorheizen.
5. Den Teig auf einer bemehlten Arbeitsfläche flach drücken. Die Mandeln gleichmäßig darauf verteilen und mit dem Teig verkneten. Anschließend in drei gleich große Teile portionieren und zu drei Rollen (Ø 3,5 cm) formen.
6. Die Rollen auf ein mit Backpapier ausgelegtes Backblech legen. Abstand 5 cm. Das Blech auf der mittleren Schiene in den Backofen schieben, die Temperatur auf 140 °C reduzieren und im vorgeheizten Backofen etwa 20 Minuten backen. Anschließend die Rollen 30 Minuten bei Zimmertemperatur abkühlen lassen.
7. Backofentemperatur auf 120 °C reduzieren.
8. Die Rollen schräg in fingerbreite Scheiben schneiden. Auf das Backblech legen und im vorgeheizten Backofen 30 Minuten trocknen lassen. Abkühlen lassen und in einem geschlossenen Weck-Glas lagern.

INFO

1. Vor dem Verzehr 2–3 Tage lagern. Die Cantuccini schmecken dann aromatischer.
2. Trocken im geschlossenen Behälter lagern. Haltbarkeit mindestens 3 Monate.

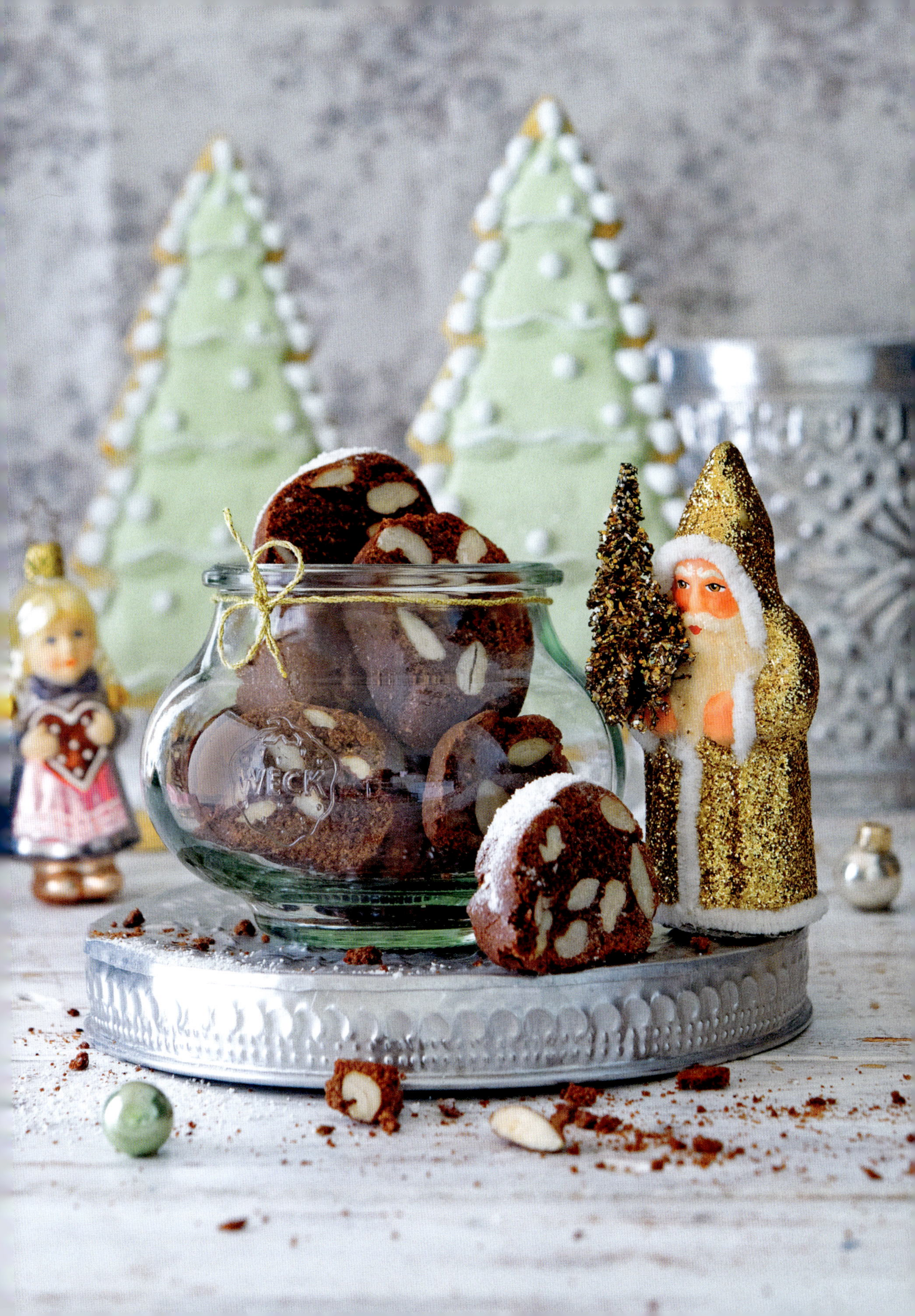
WECK

LEBKUCHEN-BAMBIS

Vegetarisch

Zum Verschenken, für den Weihnachtsbaum, für den bunten Teller, für Freunde und Familie und zum Dekorieren von Torten. Oder als Halsketten-Anhänger verwenden. Zum Anbeißen süß.

ZUBEREITUNGSZEIT: 60 MINUTEN, TEIG ANSETZEN 1 TAG ZUVOR

FÜR 30–35 STÜCK

Bambi-Ausstecher 7,5 cm

150 g Akazienhonig
60 g Butter
250 g Vollkorn-Dinkelmehl
½ TL Backpulver
1 Prise Salz
1 geh. TL Lebkuchengewürz
1 TL Kakao
½ Ei (25 g)*
100 g dunkle Kuvertüre
100 g weiße Kuvertüre

Weck-Gläser nach Wahl zur Lagerung

* Ein ganzes Ei ohne Schale in ein Glas geben und verschließen. Kräftig schütteln und die Hälfte für den Teig verwenden.

ZUBEREITUNG

1. Honig und Butter zusammen in einem Topf schmelzen. Nicht kochen. Abkühlen lassen.
2. Mehl, Backpulver, Salz, Lebkuchengewürz und Kakao in einer Rührschüssel vermengen. Das Ei und die abgekühlte Butter-Honig-Mischung hinzugeben. Mit der Hand oder den Knethaken eines Handrührgerätes zu einem glatten Teig verarbeiten. Anschließend in einem geschlossenen Behälter im Kühlschrank 24 Stunden ruhen lassen.
3. Backofen auf 180 °C Ober-/Unterhitze vorheizen. Den Teig auf einer leicht bemehlten Arbeitsfläche ungefähr 5 mm dick ausrollen. Den Teig mit Förmchen ausstechen. Die ausgestochenen Motive auf ein mit Backpapier ausgelegtes Backblech setzen und im vorgeheizten Backofen etwa 10 Minuten backen. Abkühlen lassen.
4. Kuvertüre getrennt jeweils in einer kleinen Schale im Wasserbad bei 36 °C schmelzen. Mit einem Holzstäbchen die ausgestochenen Motive mit Kuvertüre verzieren. Oder im Ganzen mit einer Pinzette in die Kuvertüre tauchen. Zum Abtropfen auf ein Abtropfgitter mit untergelegtem Backpapier setzen.

INFO

Trocken und kühl in einem Weck-Glas oder einer Keksdose lagern. Haltbarkeit 3 Monate.

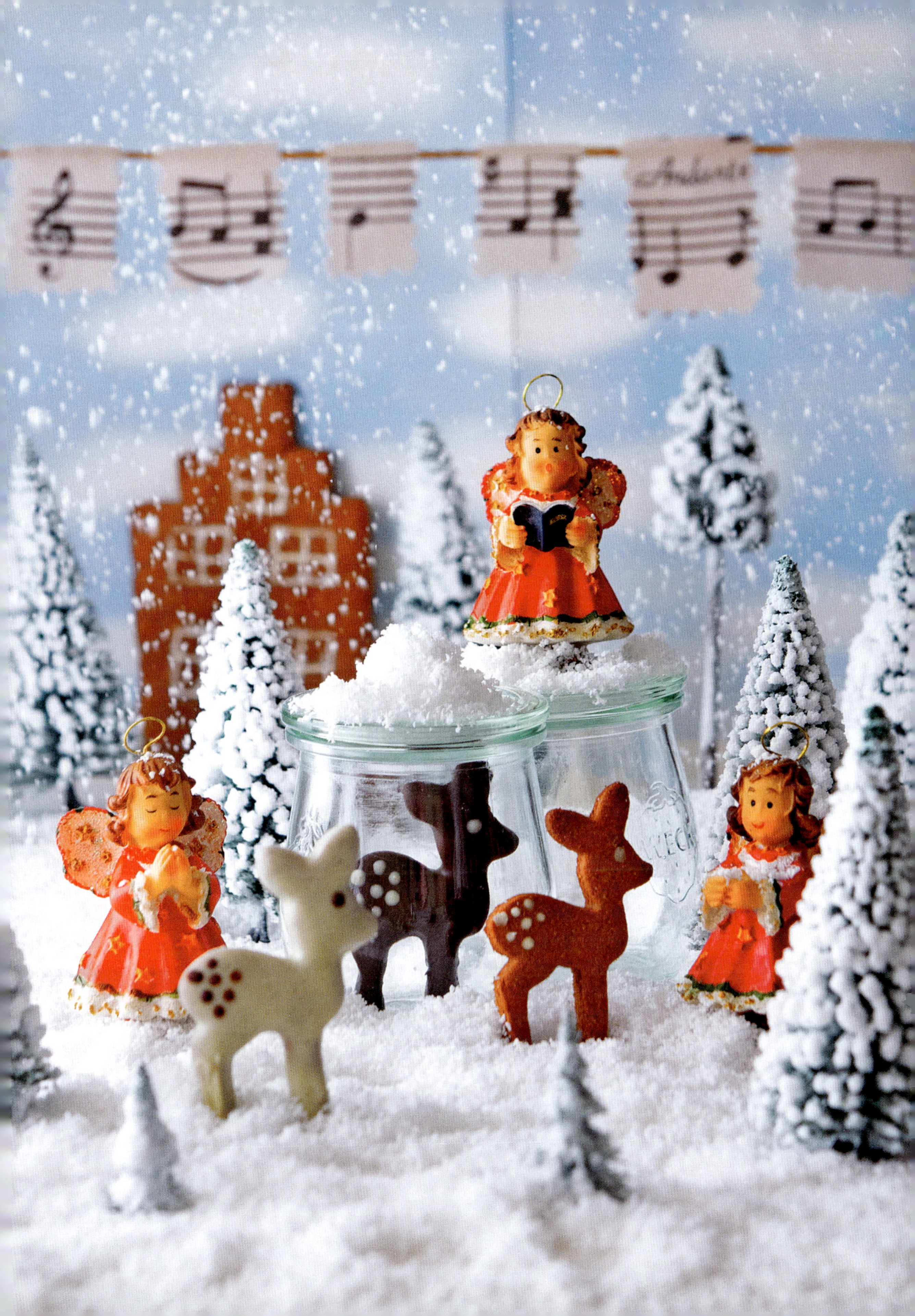
Andante

CHRISTMAS-APFEL-NUSS-MUFFINS

Vegetarisch

Die kleinen 80-ml-Weck-Gläser eignen sich hervorragend zum Muffinbacken. Mini-Muffins für den bunten Teller mit allen Weihnachtszutaten, die das Herz begehrt. Oder für die Weihnachtsfeier liebevoll im Weck-Glas verpackt.

ZUBEREITUNGSZEIT: 30 MINUTEN | BACKZEIT: 30 MINUTEN

FÜR 4 PORTIONEN

15 Weck-Sturzgläser 80 ml
Alternativ: Muffinförmchen oder 24-cm-Springform

Muffins
200 g Vollkorn-Dinkelmehl
50 g geriebene Mandeln, geröstet
1 geh. TL Natron
1 Prise Salz
1 geh. TL Lebkuchengewürz
1 Msp. gemahlene Vanille
½ unbehandelte Zitrone
1 süßer Apfel, 100–120 g
70 g Rosinen
30 g Zitronat
30 g Orangeat
60 ml Olivenöl
120 g Akazienhonig
100 ml Wasser
3 EL Olivenöl zum Einfetten der Gläser
50 g dunkle Kuvertüre

ZUBEREITUNG

MUFFINS

1. Mehl, Mandeln, Backpulver, Salz, Lebkuchengewürz und Vanille in einer Schüssel miteinander verrühren.
2. Zitronenschale abreiben.
3. Den Apfel waschen und mit Schale und Kerngehäuse in sehr kleine Würfel schneiden.
4. Die Apfelstücke, Zitronenabrieb, Rosinen, Zitronat, Orangeat, Olivenöl, Honig und Wasser mit einem Löffel kurz mit der Mehlmasse verrühren. Backofen auf 180 °C Ober-/Unterhitze vorheizen.
5. Die Weck-Gläser mit Olivenöl einpinseln und pro Glas mit 50 g Teig füllen. Die Gläser auf ein Backblech stellen und im vorgeheizten Backofen auf der mittleren Schiene etwa 30 Minuten backen.
6. Nach dem Backen 10 Minuten auskühlen lassen. Mit einem Messer am Glasinnenrand entlangziehen und die Muffins herausstürzen. Kalt werden lassen.
7. Kuvertüre klein schneiden und in ein hitzebeständiges Schälchen geben. In einem Wasserbad die Kuvertüre zum Schmelzen bringen. Die Muffins auf der Oberfläche mit Kuvertüre einstreichen. Anschließend trocknen lassen.

INFO

1. Beim Schmelzvorgang der Kuvertüre ist eine Temperatur von 32–37 °C einzuhalten. Bei höheren Temperaturen verbrennt die Kuvertüre und wird nach dem Trocknen matt und grau.
2. Wenn die Gläser nur mit 40 g Teig gefüllt werden, kann nach dem Backen und Schokoladisieren ein Deckel aufgelegt werden. Ideal zum Verschenken.

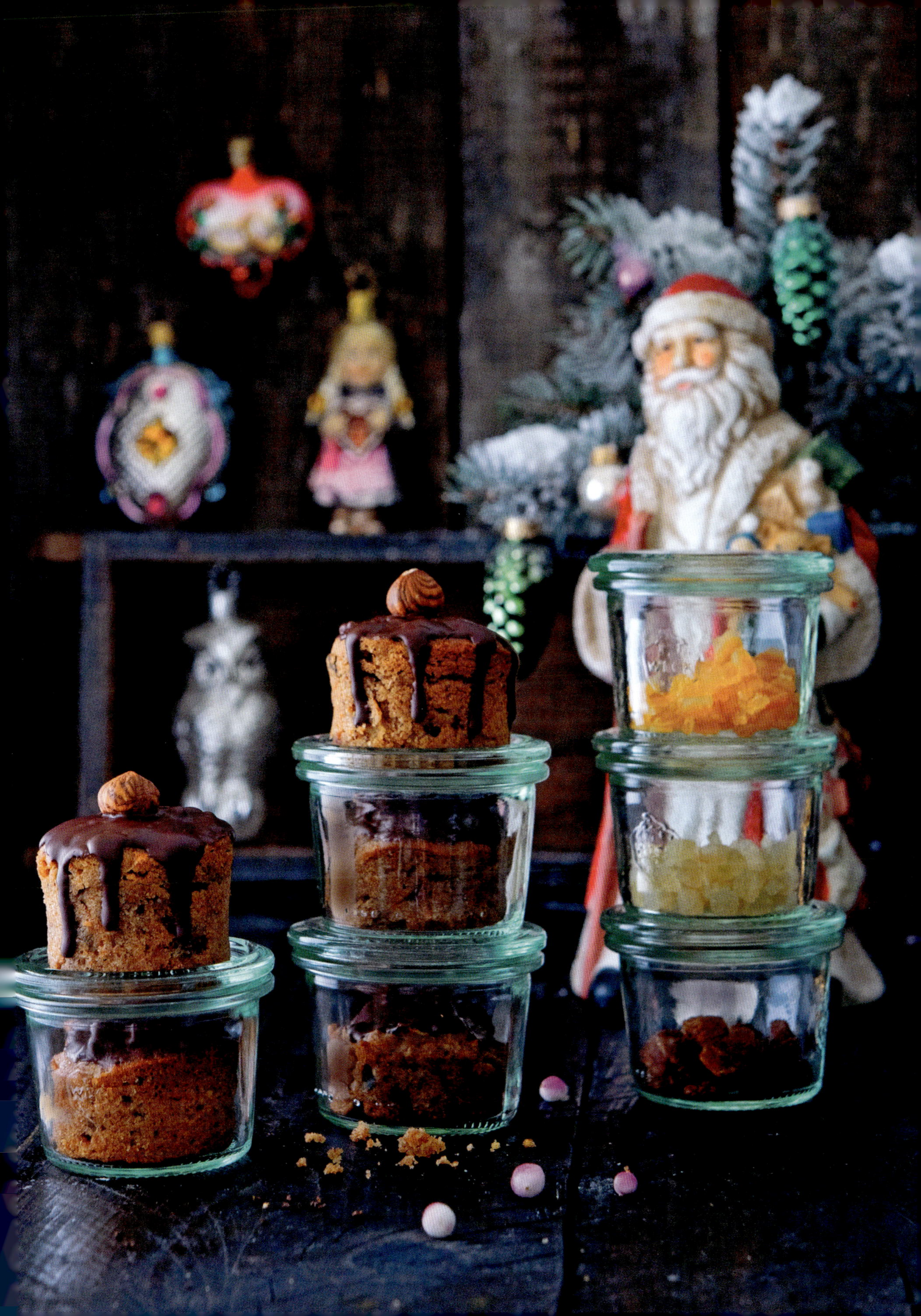

NUSSMÄNNER

Vegetarisch

Nussmänner zum Verlieben und zum Vernaschen, um sich mit Freunden und Familie knabbernd auf das Weihnachtsfest zu freuen.

ZUBEREITUNGSZEIT: 60 MINUTEN PLUS 2 STUNDEN KÜHLSCHRANKZEIT

FÜR JE 15 KEKSE

Stern-Keksausstecher mit 5 Zacken, Ø 8 cm

Vanille-Nussmänner
70 g Dinkel-Vollkornmehl plus etwas mehr für die Arbeitsfläche
50 g gemahlene Mandeln
½ TL Weinsteinbackpulver
1 Prise Salz
1 Msp. gemahlene Vanille
50 g eiskalte Butter
50 g fester milder Honig
15 Pekannüsse
10 g dunkle Kuvertüre

Schoko-Mandel-Männer
70 g Dinkel-Vollkornmehl
50 g gemahlene Mandeln
10 g Kakao
½ TL Weinsteinbackpulver
1 Prise Salz
1 Msp. gemahlene Vanille
50 g eiskalte Butter
50 g fester milder Honig
15 abgezogene Mandeln
10 g weiße Kuvertüre

ZUBEREITUNG

1. Für die Vanille-Nussmänner Mehl, Mandeln, Backpulver, Salz und Vanille miteinander verrühren.
2. Die kalte Butter darüberschneiden und mit dem Honig zügig zu einem glatten Teig verarbeiten. Anschließend in zwei Hälften teilen. Handflächengroß formen. Für 1–2 Stunden im Kühlschrank kalt stellen.
3. Den Teig auf einer leicht bemehlten Arbeitsfläche etwa 5 mm dick ausrollen. Mit dem Keksausstecher Sterne ausstechen. Auf ein mit Backpapier ausgelegtes Backblech legen und jeweils in die Mitte eine Pekannuss-Hälfte drücken. Die anfallenden Teigreste nochmals zu einer Masse formen und dann weiter verarbeiten. Backofen bei 160 °C Ober-/Unterhitze vorheizen.
4. Einen Zacken von der linken oder rechten Seite über die Pekannuss legen, leicht festdrücken und im vorgeheizten Backofen auf der untersten Schiene 10–15 Minuten backen. Nach dem Backen die Kekse abkühlen lassen.
5. Kuvertüre in einer kleinen Schale im Wasserbad schmelzen. Holzstäbchen in die Kuvertüre tauchen und damit Augen und Mund auf den oberen Zacken malen.
6. Für die Schoko-Mandel-Männer zusätzlich 10 g Kakao unter das Mehl mengen. Statt Pekannüssen werden abgezogene Mandeln auf den Keks gelegt. Nach dem Backen mit geschmolzener weißer Kuvertüre Augen und Mund aufmalen.

INFO

1. Die Nussmänner trocken und kühl in einem Glas oder Dose lagern. Haltbarkeit etwa 3 Monate.
2. Es lässt sich leichter mit kaltem Teig arbeiten. Deshalb wird der Teig in zwei Hälften geteilt und nacheinander verarbeitet.

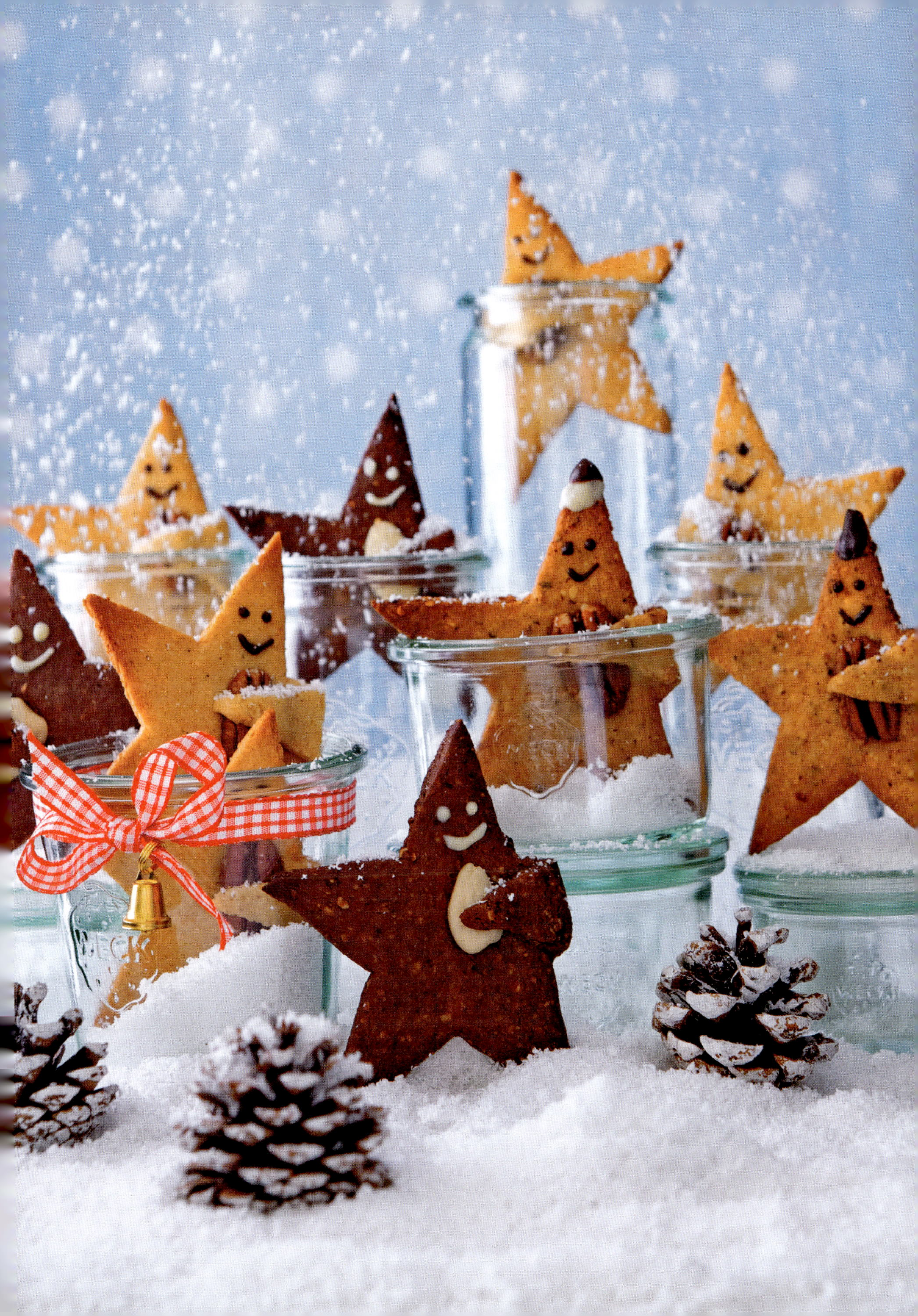
WECK

WEIHNACHTSSTOLLEN

Vegetarisch, vollwertig

Weihnachtsstollen gehören zu den traditionsreichen Klassikern der Weihnachtszeit. In diesem Rezept geben wir dem Stollen eine ganz neue Form. Das Ergebnis ist nicht nur lecker und saftig, sondern auch besonders hübsch anzusehen. Das Weck-Glas gibt dem Stollen eine passgenaue Verpackung und macht ihn zu einem wunderbaren Geschenk für Freunde und Familie.

ZUBEREITUNGSZEIT: **2 TAGE MIT PAUSEN**

FÜR 4 STOLLEN

- 4 Weck-Sturzgläser à 580 ml – der Stollen füllt nach dem Backen zwei Drittel des Glases und kann dann mit einem Glasdeckel verschlossen werden.

- Oder eine 30-cm-Stollenbackform

Autolyseteig (siehe Seite 145)
200 g Weizen-Vollkornmehl plus etwas mehr zum Bearbeiten
Alternativ Type 1050 oder 550
125 g Milch oder Reisdrink

Vorteig
50 g Weizen-Vollkornmehl
Alternativ Type 1050 oder 550
50 g Magerquark
1 g frische Hefe

Früchtemischung
200 g Rosinen
50 g Zitronat
50 g Orangeat
50 g Rum

Butter-Mandel-Mischung
125 g kalte Butter
75 g gemahlene Mandeln
5 g gemahlene Bittermandeln
2 Msp. gemahlene Vanille
60 g fester milder Honig
4 g Salz

ZUBEREITUNG

Mehl und Milch vermengen und 12 Stunden in einer Box im Kühlschrank ruhen lassen.

VORTEIG

Alle Vorteigzutaten zu einem geschmeidigen Teig vermengen. In einer Box 12–16 Stunden bei Raumtemperatur (etwa 20 °C) gehen lassen.

FRÜCHTEMISCHUNG

Alle Zutaten in einer Schale vermengen. Abdecken und bei Raumtemperatur 12–24 Stunden quellen lassen. Ab und zu (drei bis vier Mal) mit einem Löffel umrühren.

BUTTER-MANDEL-MISCHUNG

Alle Zutaten in einer Schale kurz mit einem Handrührgerät vermengen. Im Kühlschrank 12–24 Stunden lagern.

HAUPTTEIG 1

Den Vorteig, den Autolyseteig, die Butter-Mandel-Mischung und die Hefe 5 Minuten mit Knethaken auf Stufe 1 und 15 Minuten auf Stufe 2 verkneten. Der Teig löst sich von der Schüssel, ist straff und glatt. Den Teig 30 Minuten bei Raumtemperatur abgedeckt ruhen lassen.

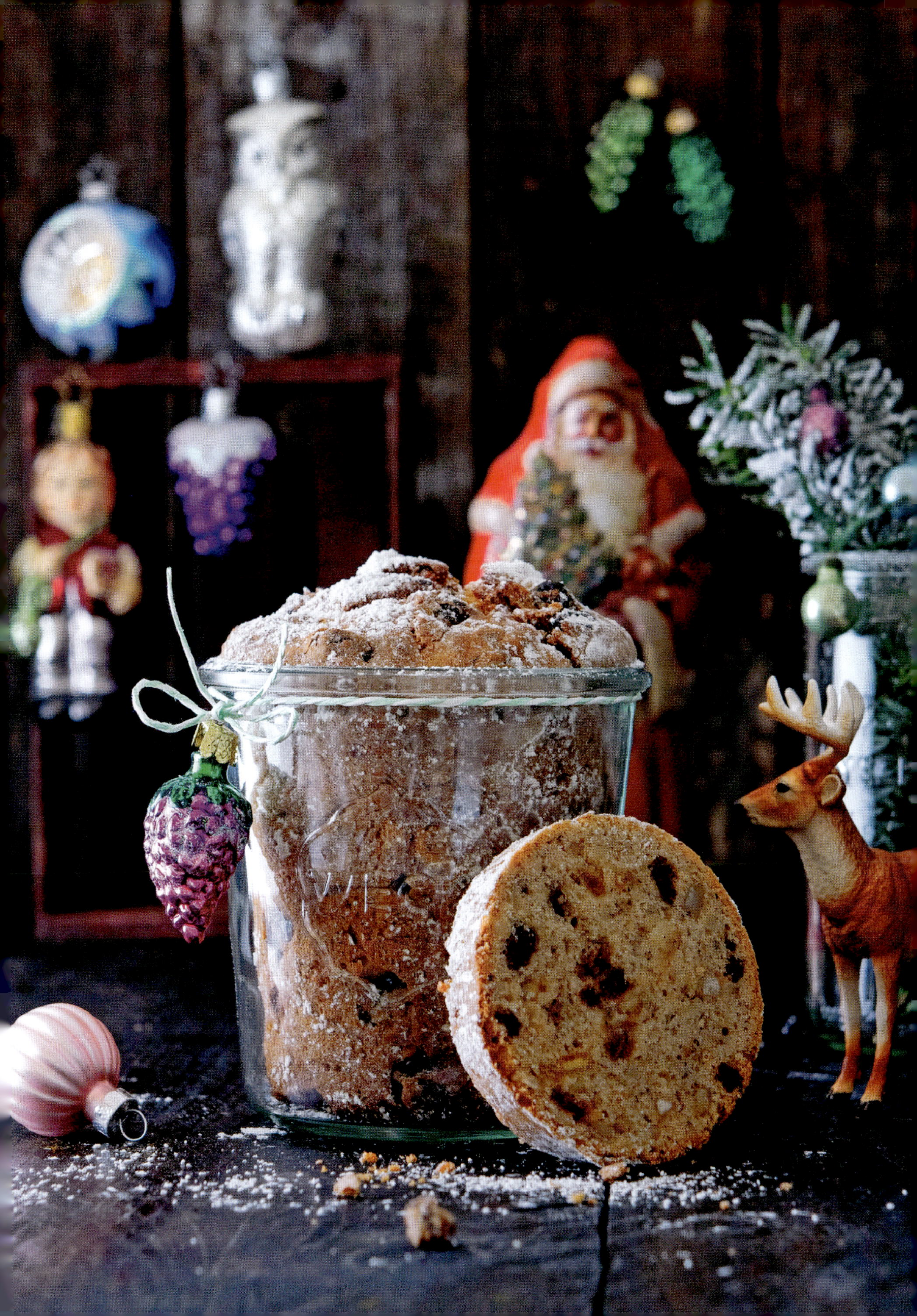

Hauptteig 1
Autolyseteig
Vorteig
Butter-Mandel-Mischung
10 g Frischhefe

Hauptteig 2
Früchtemischung
1 geh. EL Weizenmehl
50 Mandeln, gehackt

1 EL Butter zum Einfetten der Gläser
2 EL Puderzucker zum Bestreuen

HAUPTTEIG 2

Die Früchtemischung mit dem Mehl vermengen. Die gehackten Mandeln dazugeben und mit Knethaken kurz in den Teig einarbeiten. Den Teig abdecken und 30 Minuten bei Raumtemperatur ruhen lassen. Während dieser Zeit die Gläser mit cremiger Butter einstreichen.

Den Teig auf einer bemehlten Arbeitsfläche zu einer 30 cm langen Rolle formen. Von der Teigrolle vier gleich große Stücke abstechen und in die Weck-Gläser legen. Deckel auflegen und 60 Minuten bei Raumtemperatur gehen lassen.

In der Zwischenzeit den Backofen auf 220 °C Ober-/Unterhitze vorheizen. Die Gläser ohne Deckel in den Ofen stellen. Temperatur auf 180 °C reduzieren. Die Gläser mit Backpapier abdecken und etwa 50 Minuten backen.

Die Gläser nach dem Backen 10 Minuten auskühlen lassen. Anschließend den Stollen aus den Gläsern stürzen. Puderzucker auf einen Teller sieben und die Stollen darin wälzen. Die Stollen im Weck-Glas an einem kühlen Ort (12–16 °C) für mindestens 3–4 Tage lagern.

WAS VERSTEHT MAN UNTER AUTOLYSETEIG?

Ein Autolyseteig ist ein Begriff, der in der (Brot-)Bäckerei verwendet wird. Es bezieht sich auf eine Ruhephase im Teigprozess, die nach dem Vermischen der Zutaten und vor dem eigentlichen Kneten stattfindet. Während dieser Ruhephase wird der Teig stehen gelassen, um eine chemische Reaktion namens Autolyse stattfinden zu lassen.

Während der Autolyse wird das Mehl mit Wasser vermischt und für eine bestimmte Zeit stehen gelassen, normalerweise etwa 20–60 Minuten. Während dieser Zeit beginnen Enzyme im Mehl, insbesondere Proteasen und Amylasen, zu wirken. Die Proteasen beginnen damit, das Gluten im Mehl abzubauen, während die Amylasen die Stärke im Mehl in Zucker umwandeln.

Durch diese enzymatische Aktivität wird der Teig während der Autolysezeit entspannt und die Glutenbildung erleichtert. Dies erleichtert später das Kneten des Teigs, da die Glutenstränge bereits teilweise entwickelt sind und es weniger Kraft erfordert, um den Teig zu kneten. Außerdem wird durch die enzymatische Aktivität die Fermentation des Teigs gefördert, da die Amylasen Zucker freisetzen, der von den Hefen als Nahrung verwendet wird.

Der Autolyseteig hat auch Auswirkungen auf das endgültige Backprodukt. Durch die Autolyse wird die Krume des Gebäcks weicher und lockerer, mit größeren und unregelmäßigeren Löchern. Das Gebäck hat eine verbesserte Textur und einen besseren Geschmack.

Es ist jedoch wichtig zu beachten, dass nicht alle Brot- oder Gebäckrezepte eine Autolyse erfordern. Manche Rezepte erfordern das sofortige Kneten des Teigs, während andere von der Autolyse profitieren können. Es hängt von der Art des Gebäcks und den spezifischen Zielen des Bäckers ab.

ANHANG

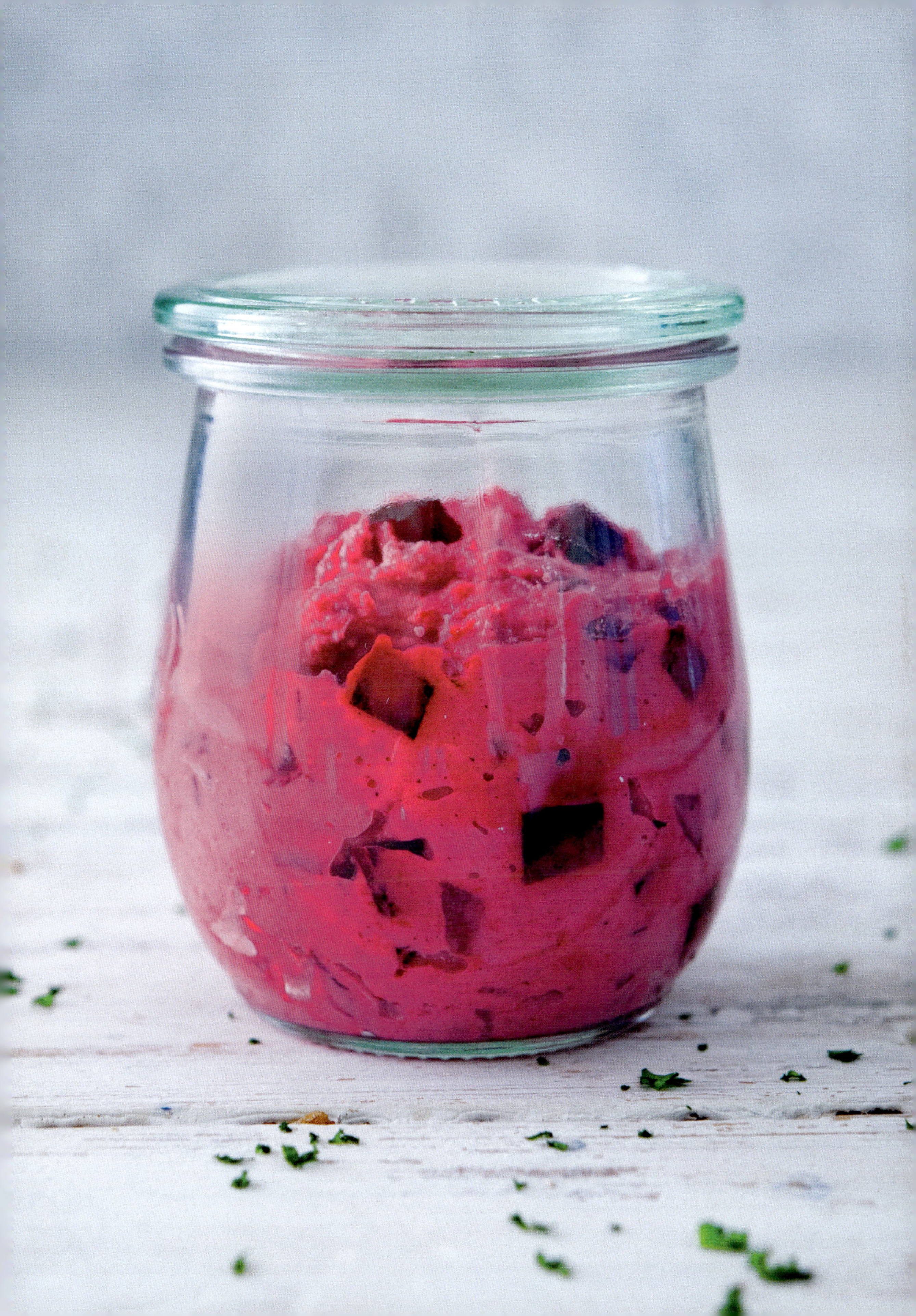

REGISTER

A

Ananas-Ingwer-Smoothie   44
Anstellgut   64
Arabische Berglinsensuppe mit Feigen   68

B

Bärlauch-Tsatsiki   90
Berglinsensuppe, arabische, mit Feigen   68
Blumenkohl-Curry und Venere-Reis   96
Bohnen-Pfifferling-Salat mit veganem Parmesan   88
Bohnen-Tomaten-Suppe, persische   76
Brot
    Anstellgut   64
    Kamut-Butter-Toastbrot   62
    Mini-Fladenbrote   50
    Party-Buns   58
    Roggen-Dinkel-Brot   60
    Rosinenstuten   52
    Vollkornbrot mit Saaten   56

C

Café-Mousse au Chocolat   120
Champignonsalat-Brotaufstrich   32
Christmas-Apfel-Nuss-Muffins   138
Cranberry-Buchweizen-Torteletts   126
Curry-Farmersalat mit Trauben   24

D

Desserts
    Café-Mousse au Chocolat   120
    Heidelbeer-Joghurt-Parfait   116
    Schwarzwälder Kirsch-Trifle   114
    Stachelbeer-Baiser   122
    Sticky Rice mit Mango und Granatapfel   118
    Vanille-Flan mit Rhabarber-Ingwer-Kompott   112

F

Frühstück
    Champignonsalat-Brotaufstrich   32
    Curry-Farmersalat mit Trauben   24
    Italienisches Gemüse-Gelee   30
    Muttis Kochkäse 1957   28
    Renekloden-Limetten-Marmelade   22
    Rote-Bete-Meerrettich-Aufstrich   26
    Woodstock-Granola   20

G

Gemüse-Gelee, italienisches   30
Getränke
    Ananas-Ingwer-Smoothie   44
    Haselnuss-Erdnuss-Shake   36
    Kong-Cola   46
    Mai-Bowle   40
    Schwarzer Johannisbeer-Smoothie   38
    Sweet Iced Kinderkaffee   42

H

Haselnuss-Erdnuss-Shake   36
Hauptspeisen
    Blumenkohl-Curry und Venere-Reis   96
    Kartoffel-Rote-Bete-Gratin   98
    Kürbis-Spinat-Quiche mit Gorgonzola   104
    Kürbiskern-Dinkel-Bratlinge   106
    Paprika-Tofu-Braten   108
    Pastitsio   100
    Polenta mit Chili-Gemüse und Pimientos de Padrón   102
Heidelbeer-Joghurt-Parfait   116
Himbeer-Dominasteine   128
Holunderbeer-Apfel-Chutney   92

I

Italienisches Gemüse-Gelee 30

J

Johannisbeer-Smoothie, schwarzer 38

K

Kamut-Butter-Toastbrot 62
Kartoffel-Rote-Bete-Gratin 98
Kirsch-Trifle, Schwarzwälder 114
Kochkäse 1957, Muttis 28
Kohlrabisuppe mit Halloumi 70
Kong-Cola 46
Kürbis-Spinat-Quiche mit Gorgonzola 104
Kürbiskern-Dinkel-Bratlinge 106

L

Lebkuchen-Bambis 136

M

Mai-Bowle 40
Mini-Fladenbrote 50
Mozzarella, veganer 82
Muttis Kochkäse 1957 28

N

Nussmänner 140

P

Paprika-Tofu-Braten 108
Party-Buns 58
Pastitsio 100
Persische Bohnen-Tomaten-Suppe 76
Petersilienwurzelsuppe 74
Polenta mit Chili-Gemüse und Pimientos de Padrón 102

R

Renekloden-Limetten-Marmelade 22
Roggen-Dinkel-Brot 60
Rosinenstuten 52
Rote-Bete-Meerrettich-Aufstrich 26
Rote Zwiebelsuppe 78

S

Salate & Brunch 80
    Bärlauch-Tsatsiki 90
    Bohnen-Pfifferling-Salat mit veganem Parmesan 88
    Holunderbeer-Apfel-Chutney 92
    Spargel-Erdbeer-Salat mit Holunder-Vinaigrette 84
    Tomaten süßsauer eingelegt 86
    Veganer Mozzarella 82
Schoko-Mandel-Cantuccini mit Anis 134
Schwarzer Johannisbeer-Smoothie 38
Schwarzwälder Kirsch-Trifle 114
Spargel-Erdbeer-Salat mit Holunder-Vinaigrette 84
Stachelbeer-Baiser 122
Sticky Rice mit Mango und Granatapfel 118
Suppen 66
    Arabische Berglinsensuppe mit Feigen 68
    Kohlrabisuppe mit Halloumi 70
    Persische Bohnen-Tomaten-Suppe 76
    Petersilienwurzelsuppe 74
    Rote Zwiebelsuppe 78
    Süßkartoffel-Kokosmilch-Suppe 72
Süßkartoffel-Kokosmilch-Suppe 72
Sweet Iced Kinderkaffee 42

T

Tomaten süßsauer eingelegt 86
Tonkabohnen-Weihnachtsbaum 131

V
Vanille-Flan mit Rhabarber-Ingwer-Kompott   112
Veganer Mozzarella   82
Vollkornbrot mit Saaten   56

W
Weihnachten   124
    Christmas-Apfel-Nuss-Muffins   138
    Cranberry-Buchweizen-Torteletts   126
    Himbeer-Dominasteine   128
    Lebkuchen-Bambis   136
    Nussmänner   140
    Schoko-Mandel-Cantuccini mit Anis   134
    Tonkabohnen-Weihnachtsbaum   131
    Weihnachtsstollen   142
Weihnachtsstollen   142
Woodstock-Granola   20

Z
Zwiebelsuppe, rote   78

Register der veganen Rezepte

A
Ananas-Ingwer-Smoothie   44
Arabische Berglinsensuppe mit Feigen   68

B
Bärlauch-Tsatsiki   90
Blumenkohl-Curry und Venere-Reis   96
Bohnen-Pfifferling-Salat mit veganem Parmesan   88

C
Café-Mousse au Chocolat   120
Champignonsalat-Brotaufstrich   32
Curry-Farmersalat mit Trauben   24

H
Haselnuss-Erdnuss-Shake   36

I
Italienisches Gemüse-Gelee   30

K
Kartoffel-Rote-Bete-Gratin   98

M
Mai-Bowle   40
Mini-Fladenbrote   50

P
Persische Bohnen-Tomaten-Suppe   76
Petersilienwurzelsuppe   74

R
Roggen-Dinkel-Brot   60
Rote-Bete-Meerrettich-Aufstrich   26
Rote Zwiebelsuppe   78

S
Schwarzer Johannisbeer-Smoothie   38
Spargel-Erdbeer-Salat mit Holunder-Vinaigrette   84
Sticky Rice mit Mango und Granatapfel   118
Süßkartoffel-Kokosmilch-Suppe   72
Sweet Iced Kinderkaffee   42

V
Veganer Mozzarella   82
Vollkornbrot mit Saaten   56

Z
Zwiebelsuppe, rote   78

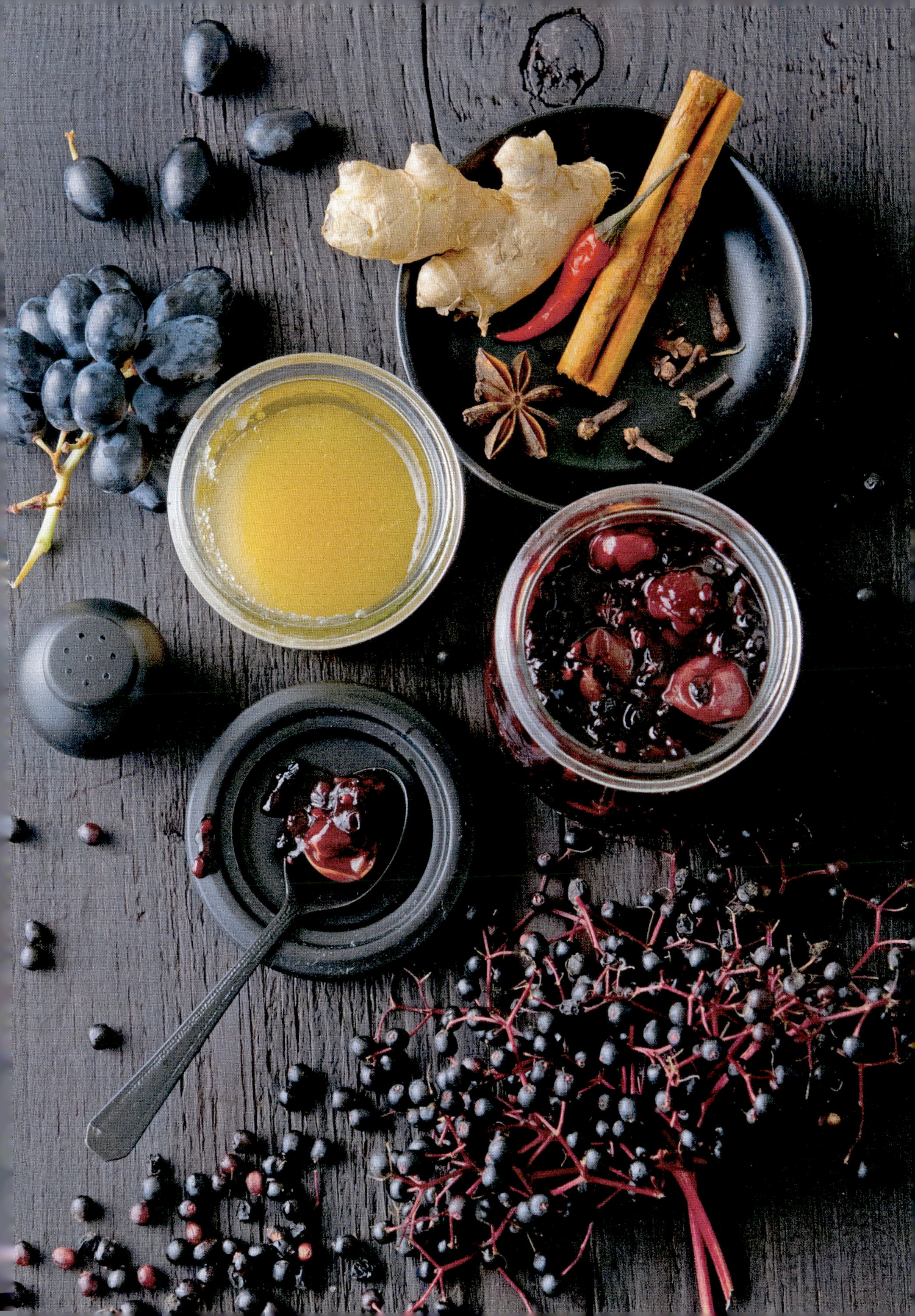

FRÜHSTÜCK

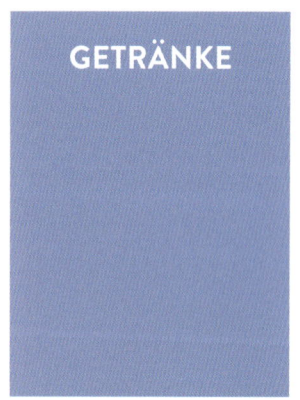

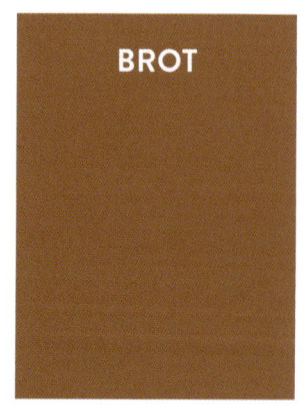

Woodstock-Granola 20

Renekloden-Limetten-Marmelade 22

Curry-Farmersalat mit Trauben 24

Rote-Bete-Meerrettich-Aufstrich 26

Muttis Kochkäse 1957 28

Italienisches Gemüse-Gelee 30

Champignonsalat-Brotaufstrich 32

GETRÄNKE

Haselnuss-Erdnuss-Shake 36

Schwarzer Johannisbeer-Smoothie 38

Mai-Bowle 40

Sweet Iced Kinderkaffee 42

Ananas-Ingwer-Smoothie 44

Kong-Cola 46

BROT

Mini-Fladenbrote 50	 Rosinenstuten 52	 Vollkornbrot mit Saaten 56	 Party-Buns 58
 Roggen-Dinkel-Brot 60	 Kamut-Butter-Toastbrot 62	 Anstellgut 64	**SUPPEN**
 Arabische Berglinsensuppe mit Feigen 68	 Kohlrabisuppe mit Halloumi 70	 Süßkartoffel-Kokosmilch-Suppe 72	 Petersilienwurzelsuppe 74
 Persische Bohnen-Tomaten-Suppe 76	 Rote Zwiebelsuppe 78	**SALATE & BRUNCH**	 Veganer Mozzarella 82

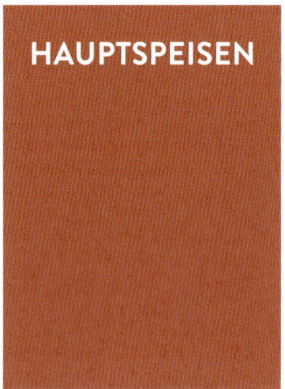

Spargel-Erdbeer-Salat mit Holunder-Vinaigrette 84

Tomaten süßsauer eingelegt 86

Bohnen-Pfifferling-Salat mit veganem Parmesan 88

Bärlauch-Tsatsiki 90

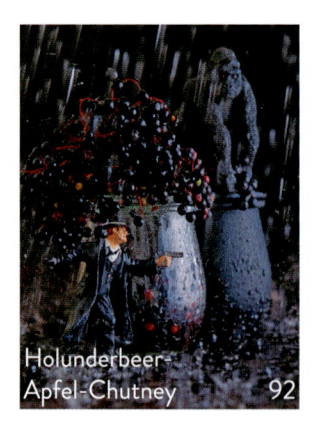

Holunderbeer-Apfel-Chutney 92

HAUPTSPEISEN

Blumenkohl-Curry und Venere-Reis 96

Kartoffel-Rote-Bete-Gratin 98

Pastitsio 100

Polenta mit Chili-Gemüse 102

Kürbis-Spinat-Quiche mit Gorgonzola 104

Kürbiskern-Dinkel-Bratlinge 106

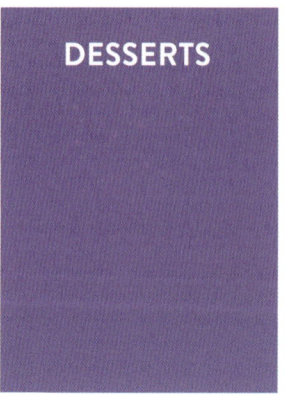

Paprika-Tofu-Braten 108

DESSERTS

Vanille-Flan mit Rhabarber-Ingwer-Kompott 112

Schwarzwälder Kirsch-Trifle 114

Heidelbeer-Joghurt-Parfait 116

Sticky Rice mit Mango und Granatapfel 118

Café-Mousse au Chocolat 120

Stachelbeer-Baiser 122

WEIHNACHTEN

Cranberry-Buchweizen-Torteletts 126

Himbeer-Dominasteine 128

Tonkabohnen-Weihnachtsbaum 131

Schoko-Mandel-Cantuccini mit Anis 134

Lebkuchen-Bambis 136

Christmas-Apfel-Nuss-Muffins 138

Nussmänner 140

Weihnachtsstollen 142

DANK AN UNSEREN PARTNER

WECK® VERLAG
Bewährt seit über 120 Jahren

LIEBE FIRMA WECK: EIN GROSSES DANKESCHÖN FÜR
DIE UNTERSTÜTZUNG UNSERES BUCHPROJEKTS UND
VOR ALLEM FÜR EURE PHÄNOMENALEN GLÄSER.
EINFACH. UNVERZICHTBAR. WUNDERSCHÖN. PRAKTISCH.

MEHR INFOS UNTER:
WWW.WECK.DE
WWW.WECKVERLAG.DE

ÜBER DEN AUTOR

Udo Einenkel ist GaultMillau-prämierter vegetarisch/veganer-Profikoch und war von 1990 bis 2005 Betreiber des Biorestaurants »Abendmahl« in Berlin. Heute arbeitet er als Kochbuchautor, Kochdozent und Foodfotograf.

Alles, was sich rund um das Thema Essen bewegt, Kochen, Foodfotografie, Gesundheit, Lebensmittel, Philosophie, aber auch Geschirrtücher und Weckgläser lassen sein Herz höher schlagen.

DANKESCHÖN. MILLE GRAZIE. KIITOS. THANK YOU. TACK. DZIĘKI. MERCI.

Liebe Leserinnen und Leser,

ich möchte an dieser Stelle die Gelegenheit nutzen, und mich für Ihr Interesse an diesem Kochbuch bedanken. Es war mir eine große Freude, mit dem Christian Verlag dieses Buch zu verwirklichen, und wünsche Ihnen viel Spaß beim Eintauchen in die Welt der Einmachgläser. Gutes Gelingen beim Kochen, Backen und Teilen Ihrer selbstgemachten Kreationen mit Ihren Lieben.

Ein besonderer Dank gilt all den Menschen, die mich auf diesem Weg unterstützt haben: Zuerst möchte ich meiner Familie und meinen Freunden danken, die mich ermutigt haben, dieses Kochbuch umzusetzen. Eure Unterstützung war unermesslich wertvoll.

Ich möchte auch Kollegen und Kochschülern danken, die mich mit ihrem Fachwissen und ihrer Leidenschaft für das Kochen und Backen mit Einmachgläsern inspiriert haben. Eure Ratschläge und Anregungen haben maßgeblich zur Entstehung dieses Buchs beigetragen.

Last but not least danke ich allen Herstellern von Biolebensmitteln auf dieser Welt für ihre tägliche Arbeit, um gesunde und umweltfreundliche Lebensmittel zu produzieren.

Herzlichst, Udo Einenkel

IMPRESSUM

Verantwortlich: Sonya Mayer
Rezepte, Texte, Foodstyling und Fotografie: Udo Einenkel
Redaktion: Susanne Cremer
Umschlaggestaltung: Regina Degenkolbe
Partnermanagement: Thomas Nehm
Repro: LUDWIG:media
Korrektorat: Judith Bingel
Herstellung: Julia Hegele

Printed in Poland by CGS Printing

Bildnachweis
Alle Fotografien des Umschlags und des Innenteils stammen von Udo Einenkel.
Illustration Kapitelaufmacher: Shutterstock/Yuan_Mei

★★★★★

Sind Sie mit diesem Titel zufrieden? Dann würden wir uns über Ihre Weiterempfehlung freuen. Erzählen Sie es im Freundeskreis, berichten Sie Ihrem Buchhändler oder bewerten Sie bei Onlinekauf. Und wenn Sie Kritik, Korrekturen, Aktualisierungen haben, freuen wir uns über Ihre Nachricht an: Christian Verlag, Postfach 40 02 09, D-80702 München oder per E-Mail an: lektorat@verlagshaus.de

Unser komplettes Programm finden Sie unter: www.christian-verlag.de

Alle Angaben dieses Werkes wurden vom Autor sorgfältig recherchiert und auf den neuesten Stand gebracht sowie vom Verlag geprüft. Für die Richtigkeit der Angaben kann jedoch keine Haftung übernommen werden, weshalb die Nutzung auf eigene Gefahr erfolgt. Sollte dieses Werk Links auf Webseiten Dritter enthalten, so machen wir uns die Inhalte nicht zu eigen und übernehmen für die Inhalte keine Haftung.

In diesem Buch wird aus Gründen der besseren Lesbarkeit das generische Maskulinum verwendet. Weibliche und anderweitige Geschlechteridentitäten werden dabei ausdrücklich mitgemeint, soweit es für die Aussage erforderlich ist.

Die Deutsche Nationalbibliothek verzeichnet diese Publikation in der Deutschen Nationalbibliografie; detaillierte bibliografische Daten sind im Internet unter http://dnb.d-nb.de abrufbar.

Copyright © 2023
Christian Verlag GmbH, Infanteriestraße 11 a, 80797 München

Alle Rechte vorbehalten.

ISBN 978-3-95961-752-9

Ebenfalls erhältlich ...

ISBN 978-3-86244-769-5

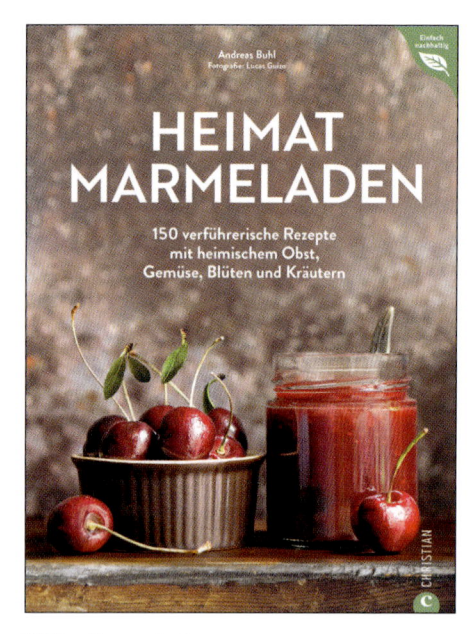

ISBN 978-3-95961-800-7

ISBN 978-3-95961-722-2

ISBN 978-3-95961-529-7

CHRISTIAN

www.christian-verlag.de